Sylvia Grübl

Intuitiv wissen

Schamanisches Praxisbuch für
Intuition und Selbsterfahrung

WIDMUNG

Dieses Buch widme ich meinen verstorbenen Großeltern, die mich trotz meiner ausgeprägten Wahrnehmungsfähigkeit, die auch Probleme mit sich brachte, mit offenen Armen und Verständnis annahmen.

Es soll all jenen Mut machen, die als Kind über hohe Sensitivität verfügten und diese aufgrund des mangelnden Bewusstseins der Umwelt unterdrückten. Jetzt ist es an der Zeit, Ihre intuitiven Talente wieder in Ihr Leben zurückzuholen und sich zu erinnern!

Sylvia Grübl

Intuitiv wissen

Schamanisches Praxisbuch für Intuition und Selbsterfahrung

freya

READ GLOBAL BUY LOCAL

ISBN 978-3-99025-381-6

Layout: freya_art_Regina Raml-Moldovan
Lektorat: Dorothea Forster

printed in EU

Hinweis
Die in diesem Buch angeführten Methoden, Übungen und Hinweise sollen die Leser unterstützen, ihre intuitiven Fähigkeiten zu stärken. Wer sie anwendet, tut dies in Eigenverantwortung. Die Autorin und der Verlag stellen keine Diagnosen und geben keine Therapieempfehlungen. Die hier beschriebenen Verfahren sind Fallbeispiele aus der Praxis. Namen wurden geändert, sofern die Teilnehmer dies wünschten. Die hier vorgestellten Techniken sind nicht als Ersatz für professionelle Hilfe bei schwerwiegenden Problemen zu verstehen. Um eine gute Lesbarkeit zu gewährleisten, wurde die allgemein übliche männliche Form der Formulierung gewählt, selbstverständlich sind beide Geschlechter damit angesprochen.

INHALT

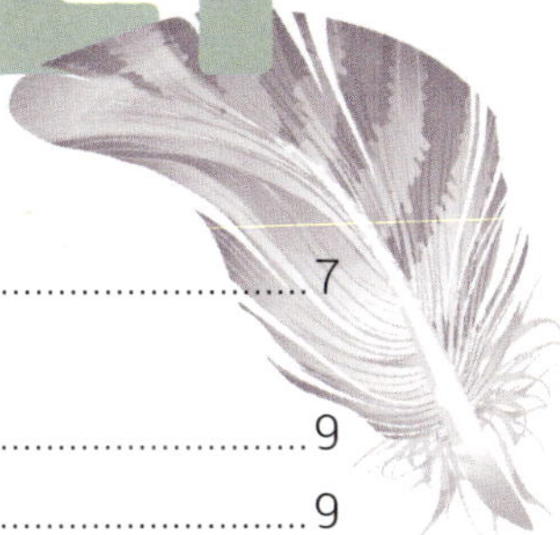

VORWORT

Gewidmet Sylvia, die im selben Jahr wie meine bereits „drüben“ existierende Tochter geboren ist.

„Wer andere kennt, ist klug.
Wer sich selbst kennt, ist weise.“
Laotse

Ich bin seit 40 Jahren als Medium und Hellseherin tätig und erlebte in dieser Zeit den veränderten Zugang vieler Menschen zu außersinnlichen Themen. Nach zaghaften Anfängen interessieren sich immer mehr Menschen für neue gedankliche Zugänge. Viele hinterfragen den reinen Materialismus und geistige Zugänge alter Kulturen. Neues seelisches Fühlen drängt ins Bewusstsein. Neue Schwingungen und Frequenzen werden gespürt und verändern das Leben. Dies gilt für den geistigen Bereich, führt aber auch bis hin zu umfassenden Änderungen im Bereich der Geologie, Umwelt, Ernährung usw.

Aufbruch ist angesagt, ein frischer Wind fegt alles unnötig Erstarrte weg. Auch die alten Maya wussten schon um die Qualität der Zeit und ebenso erkennt der moderne Mensch nun, dass Zeit-Qualität wichtiger als die Zeit-Quantität ist, und verweigert sich zunehmend dem Zeit-Druck. Immer mehr Menschen werden die alten Strukturen aufbrechen und dadurch wahre Wunder erleben. Es ist das Eintauchen in die 5. und 6. Dimension. Neue Erkenntnisse, neue Energien, neue Gedanken-Zugänge, speziell auch zwischen den Geschlechtern, bringen Harmonie. Das neue Wahrnehmen von Farb- und Ton-Schwingungen und die Veränderung in der menschlichen DNA werden das Bild des Menschen der Zukunft verändern. Die Welt wird nicht untergehen, allerdings das alte, rein materielle Denken.

Es ist gut, ein Werkzeug zu haben, um sich besser in der neuen Zeit-Welle zurechtzufinden. **MANTANKA** ist ein fantastisches Arbeitsbuch dafür!

Mit den besten Wünschen und viel Erfolg
von Herzen Rosalinde

Rosalinde Haller
hellsichtiges Medium, Autorin

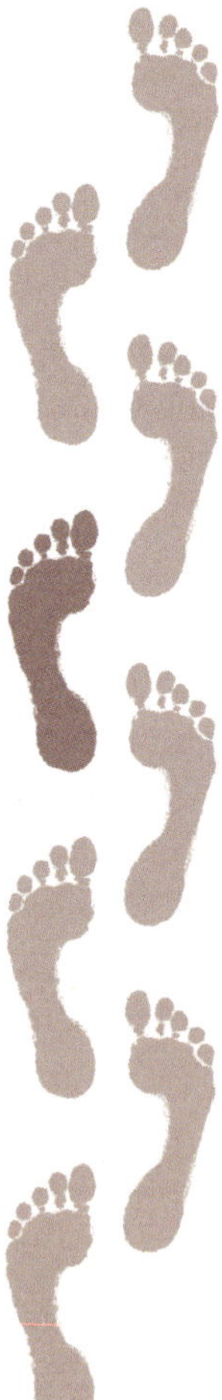

EINLEITUNG

„Du kannst niemals einen
anderen Menschen verstehen,
bevor du nicht einen Mond lang
in seinen Mokassins gegangen bist“

Indianische Weisheit

Aufbau des Buches – Ihr Nutzen

Es lag mir schon lange am Herzen, dieses Buch zu schreiben, um möglichst vielen Menschen diese faszinierende Methode näherzubringen.

MANTANKA ist eine intuitive, energetische Praxisarbeit. Sie öffnet Ihren persönlichen Zugang für Intuition und ermöglicht direkte Empathie (Einfühlungsvermögen). Durch Verlagerung der Wahrnehmung entdecken Sie, was eine Situation benötigt, und finden den Weg zu effizienten Ergebnissen. Das schafft Klarheit und leitet positive Veränderungen ein. Durch angeleitetes Hineingehen und Hineinspüren in eine Thematik erlangen Sie tiefes Verständnis für verschiedene Aspekte im Leben. So eröffnet sich Ihnen ganz einfach ein großes, universelles Wissen. In der Sprache der Lakota, einer Sioux-Gruppe in Nord-Amerika, bedeutet der Ausdruck MAN „Wissen“ und TANKA steht für „groß“. Mit dieser Methode bringen Sie Licht in verschiedene Anliegen und finden Lösungen auf mehreren Ebenen. Öffnen Sie sich für das unbegrenzte Potenzial Ihres Geistes – für MANTANKA – das große Wissen!

Ich habe diesen Praxisleitfaden so strukturiert, dass Sie sich gut zurechtfinden, auch wenn Sie noch keine eigenen Erfahrungen mit MANTANKA gemacht haben. Selbstverständlich kann ein Buch keine Teilnahme an einem Seminar ersetzen. Nach dieser Lektüre haben Sie allerdings schon eine gute Vorstellung davon, was darunter zu verstehen ist. Durch die praktischen Übungen in diesem Buch können Sie Ihre intuitive Ader anregen und fördern. Manche Sequenzen können Sie auch alleine und selbstständig für sich zu Hause, also ohne Begleitung, durchführen und ausprobieren. Dafür eignen sich speziell Themen, bei denen es einfach darum geht, sich zwischen einigen Wahlmöglichkeiten zu entscheiden, wie im Kapitel „Detaillierter Bericht über einen MANTANKA-Ablauf" auf Seite 90 beschrieben wird.

Gleichsam ist das Buch für diejenigen konzipiert, die schon den einen oder anderen Workshop besucht haben, eine klare Übersicht wünschen und tiefer in die Materie eintauchen wollen. Hiermit komme ich dem Wunsch vieler Workshop-Teilnehmer entgegen, die sich vor oder nach einem Kurs in die Materie einlesen wollen.

Im Ausbildungslehrgang findet es als Kursbuch Verwendung und wird durch eigene Notizen und weitere Praxisbeispiele aus den Seminaren ergänzt. Es hilft Ihnen, Ihre ersten Schritte in Richtung selbstständiger MANTANKA-Leitung zu unternehmen. Sie haben damit auch für die Übungs-Einheiten zu Hause und für die Peergroups (Lern- und Arbeitsgruppen) ein strukturiertes Nachschlagewerk und somit mehr Sicherheit beim Trainieren Ihrer Fähigkeiten.

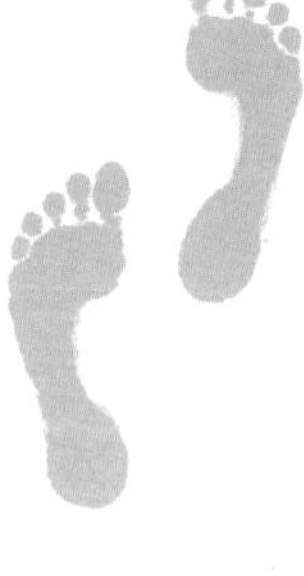

In den Mokassins eines anderen gehen

Mit der von Indianern stammenden Redewendung „In den Mokassins eines anderen gehen“ ist gemeint, dass man zwar versuchen kann, die Lage eines Menschen zu verstehen, sich aber bewusst sein sollte, dass diese Sicht doch immer die eigene ist und bleibt. Selbst wenn wir Ähnliches erlebt haben, unterscheidet sich das Empfinden einer anderen Person vom eigenen Erleben. Wir waren schließlich nicht bei allen Stationen ihres Lebens dabei, wir haben nicht ihr Leben gelebt.

Um aber zumindest eine Ahnung davon zu bekommen, wie es jemandem ergeht, gibt es aus der Tradition der Indianer und Schamanen eine Methode, sich dieses Empfinden für andere (Empathie) zu ermöglichen. Es geht darum, sich den Erfahrungsbereich eines Menschen zugänglich zu machen. Erst dann verstehen wir die ganzheitliche Einwirkung des Lebens auf das jeweilige Individuum und weshalb es so reagiert.

Das Leben und Erleben prägt uns. Wir begreifen das Dasein im Jugendalter sicherlich anders als in der Power-Phase des Erwachsenseins oder in reiferen Jahren. Es ist ein wahres Geschenk, wenn wir uns einen Zugang eröffnen, durch den wir die unterschiedlichen Empfindungen und Sichtweisen von Menschen für uns erfahrbar machen können.

Mantanka ermöglicht Ihnen vielfältige Einblicke in das Leben anderer und dadurch in Ihr eigenes. Oder umgekehrt, beides ist möglich, da wir aus ganzheitlicher Sicht ohnehin alle miteinander verbunden sind.

Mokassins stehen auch sinngemäß für den direkten Kontakt zur Erde. Diese Schlupfschuhe ohne Absatz sind aus weichem Schafs- oder Büffelleder gefertigt, je nach Einsatzgebiet mit oder ohne dünne Laufsohle. Die Indianer, die im Waldgebiet auf Jagd gingen, vermieden eine Laufsohle, damit sie gut in Kontakt mit der Erde bleiben konnten. Bei den Mokassins der Berglandindianer wurden dünne Sohlen aus Leder angenäht, um die Haltbarkeit zu erhöhen und den Fuß besser zu schützen. Im Grunde aber kommen Mokassins ohne Innensohle aus, sind dadurch sehr anschmiegsam und passen sich, im Gegensatz zu unseren Schuhen, ans Gelände an. Ein Spaziergang in der Natur in originalgetreuen Mokassins wäre einen Versuch wert, um die Bedeutung „in den Mokassins (eines anderen) gehen" spür- und erlebbar zu machen.

Der schamanische Ausbildungsleiter und leidenschaftliche Musiker Mladen Sun Circle berichtete mir von seinen interessanten Erfahrungen mit Indianern. Er erzählte, dass innerhalb eines Stammes jeder seine Aufgabe hatte. So gab es unter anderem Medizinmänner, Medizinfrauen und Schamanen. Erstere waren mit unterschiedlichen Formen der Medizin vertraut. Das konnten Heilkräuter sein, Tees oder die Übermittlung der ursprünglichen Unterweisungen des Schöpfers durch Geschichten und Lieder. Das war die Medizin der damaligen Zeit.

Im Gegensatz dazu hatte ein Schamane eine spezifischere Aufgabe. Er war dafür zuständig, alles, was die Menschen und den Stamm durch ihre unbewussten Handlungen ins Ungleichgewicht gebracht hatte, energetisch wieder in Ordnung zu bringen. Das heißt, dort hinzugehen und zu schauen, wo Schaden zugefügt worden war, wo nicht richtig umgegangen wurde mit Bäumen, Bisons, anderen Stämmen, persönlichen Bereichen und so weiter.

Dieses „Gehen“ war eine Reise zur Ursache, um die energetische Begebenheit wahrnehmen zu können. Er begab sich sozusagen in die Mokassins, in die Lage des anderen hinein. Aus dieser Erfahrung heraus schlug er dann vor, wie der Weg aussehen könnte, um das alles wieder in Gleichklang zu bringen. Das konnten bei großen Verletzungen des kosmischen Gleichgewichts Zeremonien sein, die der gesamte Stamm durchzuführen hatte. In anderen Fällen wiederum war nur von einer Person etwas zur Wiedergutmachung auszuführen. Die Lösungen für die Probleme waren in jedem Fall sehr individuell.

Für uns ist dies nicht so leicht vorstellbar, weil wir gewohnt sind, mit vorgegebenen Rezepten zu arbeiten. Bei den Urvölkern gab es diese nicht, sondern es ging um die direkte Kommunikation mit der Schöpfung. Die Grundsatzfrage lautete: „Was wird jetzt gebraucht?“ und nicht, wie oft bei uns: „Was haben wir letztes Mal getan, was hat voriges Mal geholfen?“

Wenn beispielsweise beim verletzten Reh 20 Beutel Tabak für die Wundversorgung optimal waren, musste das bei einem anderen Tier der Herde nicht genauso sein. Es wurde jedes Mal aufs Neue gefragt, was diesmal benötigt wird, um das Große Ganze wieder in Harmonie zu bringen.

Das war eine Kommunikation in das Jetzt hinein, die verlässlichste Quelle von ganzheitlichem Wissen: „Warum kam ich in diese Situation? Was kann ich daraus lernen?“

Die Antwort auf diese Fragen erkennt man nur in den gegenwärtig ersichtlichen Zusammenhängen. Das machte das Leben viel lebendiger. Die Menschen konnten nichts wiederholen, da stetige Veränderung der natürliche Lauf der Dinge ist. Wenn wir diese Tatsache akzeptieren, wird auch unser Leben inhaltlich viel reicher.

MEIN WEG ZU MANTANKA

„Unsere Wünsche sind die Vorboten
der Fähigkeiten, die in uns liegen."

J. W. Goethe

Meine persönliche Geschichte

Solange ich mich zurückerinnern kann, hatte ich Interesse an anderen Menschen. Bis zum Schuleintritt war die Welt für mich in Ordnung, denn in dieser Zeit konnte ich mich umfassend den Wahrnehmungen und Eindrücken meiner Umwelt hingeben, was später aufgrund des starken Fokus auf schulische Belange eingeschränkt wurde. Ganz selbstverständlich und aus einem inneren Bedürfnis heraus kümmerte ich mich um meine jüngeren Geschwister und stellte mich auf andere ein. Ich beobachtete mein Umfeld stets sehr genau und hatte viele Fragen, nicht auf alle bekam ich zufriedenstellende Antworten. Die größte Freude bereiteten mir Tiere und ich fühlte mich in deren Gegenwart wohl. Eingesperrte Tiere taten mir von jeher leid, wenn ich ein solches Geschöpf sah, fuhr es mir ganz kalt durch meinen Körper und ich fühlte mit ihm.

Ich erinnere mich noch gut daran, als ich meinen Vater eines Tages im LKW zum Flughafen begleiten durfte, weil er dort eine Lieferung abzugeben hatte. Ich ging mit hinein zur Verladezone und entdeckte viele Käfige mit hektisch durcheinanderpiepsenden Küken. Ich wollte die kleinen, gelben Knäuel am liebsten alle streicheln und mich mit ihnen unterhalten. Der Mann vom Flughafen bot mir an, einige mit nach Hause zu nehmen, denn viele davon würden ohnehin beim Transport sterben. Seine Aussage schockierte mich enorm und beschäftigte mich noch lange Zeit, so als würde es mich selbst betreffen, und ich fühlte mich schlecht, da ich ihnen nicht helfen konnte.

Noch bevor ich das Pflichtschulalter erreicht hatte, wurde ich eingeschult. Damit begann die Zeit, in der Stress an der Tagesordnung stand und ich, je länger ich in diesem System gefangen war, mir selbst immer fremder wurde. Die langweiligen Vorträge der meist missgelaunten Lehrerin interessierten mich nicht. Den Druck, den sie auf manche ausübte, empfand ich mit den betroffenen Kindern mit und das frustrierte mich mit der Zeit selbst. Ungeachtet dessen, dass ich mit Abstand die Jüngste und Kleinste der Klasse war, fühlte ich mich dazu aufgefordert, den anderen zu helfen, wo ich nur konnte.

Ich hatte immer schon sehr feine Sensoren dafür, was in anderen vorging, und setzte dann Aktionen, um ihnen zu helfen, indem ich beispielsweise mit einem von anderen ausgegrenzten Kind nach Hause ging, damit es nicht so alleine und traurig war. Niemand hatte mir das aufgetragen oder von mir erwartet, ich wollte es einfach tun und fühlte mich gut, wenn alles wieder im grünen Bereich war. Mit den Jahren machte ich die Erfahrung, dass es viele Erwachsene nicht guthießen, wenn ich darüber sprach, was ich über andere Menschen wusste, ohne es wissen zu können.

Es waren Ahnungen und Empfindungen, die ich mit der Zeit lieber für mich behielt. In den Schulferien bei meinen Großeltern am Land war alles leichter. Der Kontakt mit den Tieren ließ sich dort wieder aufbauen und ich konnte meiner Wahrnehmung freien Lauf lassen. Ich fühlte mich wohl in der Natur, der Austausch mit der Tier- und Pflanzenwelt war keiner

Reglementierung unterworfen und ich blühte förmlich auf. So konnte ich zumindest zeitweise meine sensitive Wahrnehmungsfähigkeit ausleben.

Erst als Erwachsene fand ich durch viele buddhistische und energetische Selbsterfahrungskurse und Ausbildungen einen Weg, das, was als Kind so spielend leicht zu empfangen gewesen war, wieder zu aktivieren und zu nützen.

Ich wurde auf einen Weg geführt, der mir aufzeigte, dass es viele Leute gibt, die ihre intuitiven Zugänge verloren oder vergessen haben und sich später wieder auf die Suche danach machten.

So gelangte ich zu der Überzeugung, dass jeder intuitiv veranlagt ist, sei es hellsichtig, hellfühlend, hellhörend oder hellwissend. Durch viele Jahre hindurch entwickelte ich verschiedene Methoden, um mich selbst wie auch andere dahin zu führen, wieder mehr Vertrauen und Sicherheit in die eigene Wahrnehmung zu bekommen.

Als Jugendliche fand ich in der Psychologie einen Weg, meine Wahrnehmungsgabe, was andere Menschen betraf, in eine allgemein anerkannte Richtung zu lenken. In unzähligen psychoanalytischen Lektüren fand ich eine Menge an theoretischen Erklärungen, aber das war nur ein kleiner Teil dessen, was ich suchte. Eine Zeit lang gab ich mich damit zufrieden, erlernte einen pädagogischen Beruf und vertiefte mich in das Studium des Verhaltens von Kindern, absolvierte zusätzlich die Montessori-Ausbildung. Diese vertritt die Philosophie, dass jedes Kind als Individuum wahrgenommen werden soll. Ausgehend davon werden seine Grundfähigkeiten erkannt und das, was es ohnehin von sich aus gerne macht und daher gut kann, weiter gefördert. So wird das Kind spielend leicht zu einem Spezialisten auf seinem Gebiet und diese Herangehensweise steigert das Selbstwertgefühl des jungen Menschen enorm.

Die Reformpädagogin, Ärztin und Philosophin Maria Montessori lebte von 1870 bis 1952 und prägte den Ausspruch: „Hilf mir, es selbst zu tun." Ein Ansatz, der mir sehr gut gefiel und den ich auch immer wieder in meine Beratungen mit einbaue.

Der pädagogische, psychologische und zum Teil auch philosophische Zugang genügte mir nach einiger Zeit nicht mehr und ich machte mich auf die Suche nach weiteren interessanten Gebieten. Im Alter von 23 Jahren konnte ich mich nicht mehr dazu überwinden, Fleisch zu essen, ich hatte einfach kein Verlangen mehr danach und ernähre mich seitdem vegetarisch. Damals wusste ich noch nicht, dass sich aus energetischer Sicht der Verzicht auf Fleischverzehr positiv auf das eigene Energiefeld auswirkt und es einem einfacher macht, feine energetische Schwingungen wahrzunehmen.

In der Energie-Arbeit, egal ob beim Auflegen der Hände, beim Reinigen der Aura (Energiefeld) oder Zuführen von Lebensenergie, fand abermals ein „Sichverbinden" mit anderen Menschen statt. Manchmal empfing ich Informationen über die Person, mal nicht, ich konnte es nicht steuern. Diese Eingebungen bekam ich teils über meine Hände, mit denen ich im Energiefeld des Klienten arbeitete. Das konnte sich als Stechen oder Brennen in Hand und Arm zeigen oder als ein kurzes

Auftauchen von Schmerzen in meinem Körper mit dem Wissen, dass es nicht mein Schmerz war. Ausgehend von dieser Information reinigte ich dann die Stelle im Energiekörper des Klienten noch intensiver oder sprach ihn darauf an, um nähere Informationen darüber zu erhalten. Erneut stellte ich mir die Frage, wie man zu solchem Wissen gelangen konnte.

Ich las viele Bücher von Autoren, die ihre Hellsichtigkeit beschrieben, die channelten oder in einer anderen Form Kontakt zu höherem Wissen hatten. Mit viel Ausdauer und Konsequenz führte ich die empfohlenen Übungen durch, doch merkte ich bald, dass ich dadurch nicht das Gewollte erreichte, nämlich meine eigene sensitive Wahrnehmung bewusst zu steuern, sie also zu bekommen, wenn ich es wollte, und sie auszuschalten, wenn ich sie nicht brauchen konnte. Das funktionierte nicht. Ich hatte das Gefühl, damit alles noch viel mehr zu verkomplizieren. Später erst entdeckte ich, wie einfach es war.

Man brauchte nur den „Sender wieder richtig einstellen", die bereits vorhandenen Wahrnehmungskanäle nützen, indem man einfach den klaren Fokus darauf richtete.

Vertrauen spielte ebenfalls eine wichtige Rolle. Doch vorerst hatte ich offensichtlich diesen Weg der kleinen Schritte zu gehen, es folgten noch viele Seminare und Ausbildungswege, um zur Erkenntnis zu gelangen.

Mein intuitives Erleben

Bevor ich auf die Grund-Elemente von MANTANKA eingehe, möchte ich Ihnen meinen eigenen intuitiven Zugang zum „großen Wissen“ beschreiben. Dieser entwickelte sich abseits der in Büchern erlernten Thesen und logisch gefolgerten Fakten. Das wirklich umfassende Wissen speist sich aus der Erfahrung der Menschheit, mit der wir, aus ganzheitlicher Sicht, stets verbunden sind.

Es gibt wohl bei uns allen Momente, in denen wir uns energetisch so richtig „in Fluss“ fühlen. Alles läuft wie am Schnürchen, Ahnungen bestätigen sich, wir folgen der inneren Stimme, unserer Intuition. Ich gehe später noch genauer auf diese Definition ein und möchte an dieser Stelle meine eigene Art der außersinnlichen Wahrnehmung beschreiben.

Im weiteren Verlauf des Buches kommen auch Kurs-Teilnehmer zu Wort, die ihre diesbezüglichen Erfahrungen in Worte fassen und Ihnen deren Zugang zum allumfassenden Wissen mitteilen. Damit möchte ich klarstellen, dass die Informationen auf verschiedenste Art und Weise auf einen zukommen.

Mit MANTANKA öffnen wir diese unzähligen Tore und schaffen Raum für Individualität. Dadurch nehmen Sie spielend leicht wahr, was anderen verborgen bleibt. Ich bin davon überzeugt, dass jeder Mensch seine Wahrnehmungskanäle ganz einfach aktivieren kann, und bezeichne dies als das Geburtsrecht eines jeden.

Es bleibt uns selbst überlassen, ob und wann wir unsere angeborenen Fähigkeiten nützen möchten. Im Grunde ist dabei die intuitive Seite, die rechte Gehirnhälfte gefragt, die wir in unserem Kulturkreis meist ziemlich vernachlässigen. Lediglich künstlerisch Tätige setzen sie regelmäßig ein. Wie sonst könnten geniale, unverwechselbare Kunstwerke entstehen wie in der Malerei und Musik? Ich selbst liebe den intuitiven Zugang sehr und empfange immer schon mit spielerischer Leichtigkeit klare Bilder als Information und Empfindungen über meinen Körper.

Wenn ich im wissenden Feld gehe, sehe ich, so wie in einem zweiten Raum, zeitgleich die Geschichte ablaufen, in die ich soeben hineingegangen bin. Daraufhin verändere ich etwas im energetischen Feld und beobachte die Auswirkung im Bild, das sich parallel weiterentwickelt. So erfahre und erlebe ich persönlich **MANTANKA**.

An der folgenden Situation zeige ich Ihnen, als ein Beispiel von vielen, wie die Informationen innerhalb des wissenden Feldes in Erscheinung treten können. Es ergab sich, dass mich meine Freundin Bettina bat, ihr in einer privaten Frage zu helfen. Sie hatte vor kurzem Chris kennengelernt und wollte sich darüber klar werden, ob sie sich ihm mehr öffnen sollte, welche Art der Beziehung mit ihm entstehen könnte. Da sie selbst zu befangen und emotional zu sehr beteiligt war, bat sie mich, als Außenstehende an ihrer Stelle in das wissende Feld zu gehen, um Informationen über ihre Situation mit Chris zu erhalten.

Praxis-Bericht:
„Die Situation mit Chris"

Ich atme einige Male tief und bewusst und stimme mich auf meine Freundin Bettina und ihr Thema „Die Situation mit Chris" ein. Dabei gehe ich buchstäblich Schritt für Schritt in die Situation hinein, die ich vorher auch laut benenne: „Ich mache mir nun das Thema ‚Die Situation mit Chris' zugänglich."

Daraufhin starte ich los und gehe einige Runden im Raum und empfinde bald eine Veränderung in meinem Körper.

- Augen beginnen zu flattern, fallen zu, gehen auf, fallen zu, gehen auf ...
- In den Schultern spüre ich Kälte, der Nacken wird schwer. Meine Augen schließen sich, die Schultern hängen herab. Körperempfindungen spreche ich auch laut aus: „Meine Schultern hängen herab" usw.

Meine Erfahrung ist, dass dadurch der Prozess des Erkennens beschleunigt wird. Zudem werde ich mir klarer über die Gefühle, die ich dabei empfinde.

- Den hängenden Schultern ordne ich vorerst ein Gefühl von Gleichgültigkeit zu, das ich kurz danach korrigiere, denn die Beschreibung, nicht zu wissen, ob oder was man in dieser Situation tun könnte, passt besser.

Ziemlich zeitgleich beginnt meine „innere Bilderschau" zu laufen, die ich klar vor mir sehe und ebenfalls laut beschreibe.

- In diesem Fall taucht ein Bild auf, in dem jemand versucht, mir von hinten einen roten Umhang umzuhängen. Es ist, als würden Hände hinter mir schweben, die den Umhang halten, die aber immer ein kleines Stück zu weit hinten sind, um meine Schultern wirklich zu erreichen.
- In diesem Moment habe ich das Bewusstsein, dass ich langsamer gehen könnte, damit das Tuch mich erreicht,

aber ich will meine Gehgeschwindigkeit in diesem Moment nicht ändern.

- Es taucht abermals ein Bild auf, diesmal ändert sich lediglich die Farbe des Umhanges, der hinter mir „schwebt".
  Er wird weiß, später lila, dann grün. Es ist für mich wie ein Spiel, ich muss schmunzeln und empfinde Spaß dabei.
- Je länger ich gehe, desto klarer wird mir, dass ich den Umhang eigentlich schon gerne haben würde, meine Schultern fühlen sich sehr kalt an. Ich nehme nun eine Decke aus dem Kasten und wickle mich damit ein. Die Decke steht nun symbolisch für den Umhang, den ich als Bild empfangen habe. Mit dem Umhängen der Decke überkommt mich ein wohliges Gefühl.
- Ich fühle mich wie eine Königin, eine Prinzessin. Es ist kuschelig, ich atme gut durch, habe das Bedürfnis, mich hinzulegen. Daraufhin mache ich es mir am Boden mit der Decke gemütlich und genieße das angenehme Gefühl einige Minuten, bis ich beschließe, diese Sequenz mit einem tiefen Atemzug zu beenden und wieder ganz zu mir selbst zurückzukehren.

Bettina bestätigte mir schmunzelnd, dass sie sich gleich zu Beginn, als sie Chris zum ersten Mal sah, vorstellen konnte, sich vertrauensvoll von ihm in den Arm nehmen zu lassen. Sie hielt jedoch Abstand, da ihr diese Nähe und Vertrautheit einem fremden Menschen gegenüber doch sehr unpassend schien.

Durch die Sequenz wurde ihr bildlich vor Augen geführt, was sie selbst von Anfang an wahrnahm. Es war das Bedürfnis nach Stille, Geborgenheit und Nähe, das Chris in ihr wachrief und verstärkte. Bettina wollte in der nächsten Zeit mehr auf ihre Bedürfnisse achten, sich diese erfüllen und sich Chris nicht mehr so verschließen.

In der Sequenz als Bettina mit Chris hatte ich durch innere Bilder und Empfindungen Zugang zu dieser Situation. Wie wir in Gesprächen innerhalb der Übungsrunden und Studiengruppen feststellten, hatte jeder Teilnehmer seine ganz eigene Art, zu Informationen zu gelangen.

Der eine sah die Situation förmlich in allen Einzelheiten vor sich. Ein anderer fühlte sich mit jeder Faser seines Seins ganz hinein und spürte direkt am eigenen Körper, was gebraucht wurde, und der Nächste bekam über Worte und Sätze eine Vorstellung darüber, worum es im Kern ging – oder es traten Mischformen daraus auf.

Jeder dieser intuitiven Zugänge ist gleichwertig zu sehen und mit mehr Routine steigt das Vertrauen in die eigene Wahrnehmungsfähigkeit. Diese können Sie ebenso durch praktische Übungen weiter sensibilisieren, welche im Buch hervorgehoben sind.

In Workshops bestätigen die Teilnehmer nach einer MANTANKA-Sequenz immer wieder, dass das Dargestellte absolut stimmig war. Verwunderung und Begeisterung machen sich breit, wie exakt sich die Thematik auf den Punkt bringen lässt. In wenigen Fällen erscheint es vordergründig so, als würde sich etwas anderes zeigen, als der Klient ursprünglich angenommen hat. Doch stellt sich stets heraus, dass die Thematik, die in der Sequenz sichtbar und erlebbar wird, ihre Berechtigung hat. Da wir im Jetzt arbeiten und nicht nach fixen, vorab festgelegten Vorgaben und Erwartungen, zeigt sich das, was Priorität für den Klienten hat, ob es ihm nun bewusst ist oder nicht.

Es ist sehr wichtig, vorbehaltlos an die Sache heranzugehen und auf die Empfindungen, die auftauchen, zu vertrauen. Durch die positiven Entwicklungen, die sich nach solchen Erfahrungen im Leben der Teilnehmer ergeben, steigt die Sicherheit bezüglich der intuitiven Wahrnehmungsgabe. Dieses Vertrauen in sich selbst ist, abgesehen von der Durchführung von MANTANKA-Sequenzen, vor allem auch im alltäglichen Leben bestens zu gebrauchen. Eine wunderbare Methode, um für das Leben selbst zu lernen.

Als Ausbildungsleiterin sehe ich meine Aufgabe darin, diesen Weg, den individuellen Empfangs-Kanal des einzelnen Teilnehmers zu öffnen. Ich schaffe Rahmenbedingungen dafür und gebe den Einzelnen einige Strukturen mit, damit sie schlussendlich auf ihren eigenen Weg gelangen. Aus der jahrelangen Seminarerfahrung heraus bin ich der Überzeugung, dass es zu Beginn sehr hilfreich ist, gewisse Regelungen vorzugeben. Diese werden im Kapitel „Grund-Elemente eines MANTANKA-Ablaufs“ ab Seite 69 beschrieben. Eine ungefähre Richtlinie, die Sicherheit gibt und die alle dazu motiviert, sich mit Herz und Seele darauf einzulassen.

Mit einiger Übung und Routine können die Absolventen dann diesen vorgeschlagenen Weg allmählich verlassen, um Eigenes auszuprobieren. So entwickelt jeder in einem geschützten Rahmen seine ureigenen intuitiven Fähigkeiten und wendet sie auf seine Art und Weise an.

ALTES WISSEN – NEUER ZUGANG

„Wo Inhalt ist,
fügen sich die Formen von selbst."
Leo Tolstoi

Spirituelle Ansätze – das Gehen im wissenden morphogenetischen Feld

Hier nun einige theoretische Überlegungen aus unterschiedlichen Richtungen, die nicht als festgelegtes Dogma verstanden werden wollen. Vielmehr möchte ich Sie durch eine Auswahl an verschiedensten Sichtweisen anregen, Ihre eigenen Verknüpfungen zu finden und Ihren Geist zu öffnen.

DAS WISSENDE MORPHOGENETISCHE FELD

Den Raum, das Feld, in dem MANTANKA stattfindet, bezeichnen wir als morphogenetisches Feld. Dieses existiert nicht nur materiell als Raum im Sinne von Zimmer, sondern auch als energetischer Raum, in dem sich ständig Veränderungen ergeben.

Der vom britischen Biologen Rupert Sheldrake geprägte Begriff MORPHOGENETISCHES FELD bedeutet aus dem Griechischen übersetzt: DAS ENTSTEHEN EINER FORM.

Er konstatiert, dass sich Strukturen des Denkens und die Erfahrungen vieler Menschen durch morphische Resonanz zu morphischen Feldern verdichten. Das bedeutet, dass wir die Erfahrungen aller Zeiten durch die Kontaktaufnahme mit diesem Feld abrufen können.

Es gibt viele Techniken, auf welche Art dies geschehen kann, eine Auswahl davon beschreibe ich in diesem Buch, MANTANKA ist eine davon. Wir begeben uns in dieses wissende Feld mit einer Absicht, einer Frage, einem Thema, um eine Antwort zu erhalten, die für die gegenwärtige Entwicklung von Bedeutung ist.

In seinem Buch „Der siebte Sinn der Tiere" erläutert Sheldrake, dass diese Felder in der Biologie und Physik zwar bekannt sind, jedoch niemand erklären kann, was sie genau sind und wie sie funktionieren. Die Felder können eine bestimmte Gestalt annehmen und besitzen ein Gedächtnis, das Prozesse speichert (*morphische Resonanz*). Es handelt sich um ein Phänomen, von dem bisher noch nicht geklärt werden konnte, warum es auftritt. Fest steht, dass es vorhanden ist. Es gibt unzählige Beispiele, welche das morphogenetische Feld und seine Wirkung beschreiben.

Zum besseren Verständnis führe ich zwei davon an. Eine Auswirkung, die einem wissenden Feld zugeschrieben wird, ist die, dass etwa bei Tieren Informationen weitergegeben werden, ohne dass diese die Möglichkeit haben, miteinander zu kommunizieren. Vielleicht ist Ihnen Sheldrakes Experiment bekannt, bei dem frisch geschlüpften Küken eine Lösung gespritzt wurde, sobald sie auf eine leuchtende Perle pickten, was sie instinktiv taten. Diese Injektion verursachte Übelkeit (ohne weitere negative Nebenwirkungen für die Tiere, wie versichert wurde; trotzdem leider ein Versuch an Tieren). Nach einer gewissen Zeit schlüpften Küken, die dieses Picken auf die Perle vermieden.

Da stellt man sich die Frage, auf welchem Weg diese Kenntnis zu den noch nicht geschlüpften Küken vordringen konnte. Sheldrake schreibt dies dem morphischen Feld zu, das Informationen speichert und zu dem man Zugang erlangen kann. Ein weiteres Phänomen ist, dass, wenn ein Mensch eine Idee hat und gerade dabei ist, eine Erfindung zu machen, auf verschiedenen Teilen der Welt scheinbar zufällig auch andere auf diese Idee kommen und die gleichen Versuche unternehmen. Davon ausgehend, dass keiner Spione und Agenten ausgesandt hat, wird auch dieser Umstand dem wissenden Feld zugeschrieben, das zur gleichen Zeit an verschiedenen Orten wirkt.

ANTHROPOSOPHISCHER ANSATZ – AKASHA-CHRONIK

Das Wissen um eine Art „Weltengedächtnis" geht allerdings viel weiter zurück, bis zu Plotin, einem Philosophen des antiken Griechenlands. Er vertrat die Lehren Platons, der wiederum Schüler von Sokrates war. Er führte alle Phänomene auf ein nicht-materielles Grundprinzip zurück. Die Verbindung mit dem „Einen Ganzen" war das Ziel. Das hellsichtige Medium und Begründerin der modernen Theosophie, Helena Petrovna Blavatsky (1831–1891), schrieb in ihren Werken von metaphysischen, auf Astrallicht gedruckten Tafeln, aus denen hervorgeht, was war, was ist und was sein wird. Nach ihrem Wirken setzte sich der Begriff Akasha-Chronik für den Vorgang des „Lesens im Buch des Lebens" durch.

Akasha ist ein Wort aus dem Sanskrit, das für Himmelsraum oder Äther steht. Nach dem Theosophen Rudolf Steiner (1861–1925), Begründer der Waldorf-Pädagogik, war einem das Lesen in der Akasha-Chronik erst nach spezieller meditativer Schulung zugänglich, die den Aufstieg zur intuitiven Wahrnehmung ermöglichte.

ENERGETISCHE FELDER

Menschen nutzten schon seit jeher intuitiv ausgesuchte Plätze und Felder mit besonderer Qualität für ihre heiligen und traditionellen Bräuche.

Die Basilika St. Laurenz in Enns (Oberösterreich) weist verschiedenartige Grundmauern der vielen Vorgängerbauten der heutigen Kirche auf. Die archäologischen Ausgrabungen förderten sogar Heißluftkanäle einer Fußboden- und Wandheizung der Römer aus dem 2. Jahrhundert zutage.

Ritual- und Kraftplätze, Kirchen usw. wurden stets an Orten errichtet, die eine besondere Schwingung aufwiesen und die es ermöglichten, noch besser und intensiver in Kontakt mit dem Göttlichen zu treten.

An diesen Stellen wurden Fragen an das Große Ganze gerichtet sowie Wissen, Gnade, Macht und Hilfe erbeten. Unsere Vorfahren hatten ein Gespür und zielsicheres inneres Wissen darüber, wo die Platzierung genau stattzufinden hatte.

Altäre wurden immer an bestimmten, energetisch bedeutsamen Kreuzungen und Feldern errichtet. Viele Kapellen und Kultstätten wurden nach ihrer Zerstörung an der gleichen Stelle wieder aufgebaut. Schon oft entdeckte man bei Bauarbeiten ein darunterliegendes Bauobjekt, das Jahrhunderte früher einige Meter tiefer genau an dieser Stelle stand.

Die Akademie für Lebenskultur im bayrischen Bamberg bezieht sich ebenso auf die morphogenetischen Felder Sheldrakes und schreibt auf ihrer Homepage von wiederentdeckten Strukturen, die sich an der Stelle des Doms kreuzen. Sie erklären dies mit einem von Natur aus vorhandenen „Zwölferfeld“, das im Laufe der Zeit durch vermehrte Aktivität immer wieder genützt und dadurch verstärkt und verändert wurde. Der Verein klassifizierte und benannte die verschiedenen Feld-Strukturen einiger religiöser Gebäude und stellte schwingungsmäßige Ähnlichkeiten zu Gebetsstätten in anderen Ländern her. So korreliert etwa der Stephansdom in Wien mit der St. Stephanskirche in Bamberg und das Grab eines Papstes in Altenburg mit dem Petersdom in Rom.

QUANTENPHYSIK – MÖGLICHKEITSFELDER

Dieses höchst interessante Thema hat auch die Quantenphysik aufgegriffen, die noch einen Schritt weiter geht und konstatiert, dass ein gerade laufender Prozess einer Entwicklung durch den Beobachter selbst und durch dessen Gedanken beeinflusst werden kann. Auch hier gibt es sehr interessante Versuche mit kleinsten Licht-Teilchen, die zeigen, dass der Beobachtende und das zu beobachtende Objekt nicht voneinander getrennt werden können. Sie beeinflussen sich gegenseitig.

Die Ausführungen zu diesen Themen würden den Rahmen dieses Buches sprengen. Wer Interesse an diesem Phänomen hat, möge sich in diesbezügliche Literatur vertiefen – es gibt bereits viele interessante Publikationen über morphogenetische Felder und quantenphysikalische Phänomene. Beispielsweise ging die Wissenschaftsjournalistin Lynne McTaggart in ihrem Buch „Das Nullpunktfeld" der Frage nach, ob es ein Feld gibt, durch das alles miteinander verbunden ist. Sie interviewte dafür Kapazitäten auf dem Gebiet der Physik, Biologie, Neurowissenschaft und Bewusstseinsforschung. Damit lieferte sie Erklärungsmodelle dafür, wie Telepathie und Fernheilung funktionieren beziehungsweise worauf das Phänomen der Anziehung basiert.

SYSTEMISCHE FELDER UND HIERARCHIEN

Eine weitere Methode, die Informationen aus dem morphogenetischen Feld holt, ist die systemische Aufstellungsarbeit, auch Familienstellen genannt. Dabei übernehmen verschiedene Teilnehmer die Rollen der Familienmitglieder des Klienten, der die Beteiligten intuitiv an bestimmten Plätzen im Raum platziert. Der Aufstellungsleiter sieht aufgrund der Art und Weise, wie sie zueinanderstehen, ob das System in der Familie in Ordnung oder in Disharmonie ist.

Durch Intervention des Leiters wird diese Ordnung wieder hergestellt, indem die Personen ihre richtigen Plätze einnehmen, Ausgestoßene hereingeholt werden und das Verhältnis der Familienmitglieder zueinander durch klare, feststellende Sätze geklärt wird. Tragische Ereignisse in der Ahnenreihe werden durch Achten des Schicksals der Beteiligten angenommen, Missverständnisse aufgeklärt und Bindungen durch rituelle Sätze und Bereitschaft zur Vergebung wiederhergestellt. Dies alles geschieht innerhalb des morphischen Feldes, in dem sich die Teilnehmer während des gesamten Aufstellungs-Prozesses befinden.

Gregory Bateson war es in den 1930er-Jahren, der eine systemische Denkweise in die therapeutische Prozessarbeit eingebracht hat. Er ging davon aus, dass in einem System alle Faktoren miteinander in Verbindung stehen und sich gegenseitig beeinflussen. Jakob Levy Moreno setzte diese Methode im Bereich des Stegreiftheaters ein und entwickelte später daraus das Psychodrama (szenische Didaktik).

Virginia Satir legte ihren Schwerpunkt auf Familienstrukturen, Ivan Boszomenyi-Nagy und Martin Buber auf den Ausgleich von Geben und Nehmen. Bert Hellinger führte ein striktes, hierarchisch geordnetes System ein, das nach Erfüllung strebt. Er erforschte eine Grunddynamik, die zu Leid führt und zu Ausgleich drängt. Nachfolgend entwickelten sich weitere unterschiedliche Richtungen der Aufstellungsarbeit.

Ich lernte in verschiedenen Schulungen und Workshops diese Art der Aufstellung kennen, die sehr wertvolle Selbsterfahrungsprozesse darstellen. Gut, dass es viele verschiedene Möglichkeiten gibt, denn jeden spricht etwas anderes an, jeder Lebensumstand erfordert einen speziellen Fokus, eine bestimmte Art, daran zu arbeiten. Mir kam allerdings wieder die Leichtigkeit von früher in den Sinn, die ich bei Aufstellungen vermisste, und beschloss, es einfach auszuprobieren, ohne Berücksichtigung von bestimmten hierarchischen Ordnungen in die Rolle einer Person hineinzugehen.

Bewusst ließ ich die systemische Sichtweise, die für die herkömmliche Aufstellungsarbeit prägnant ist, weg. Stattdessen versuchten wir, die Lage im Jetzt intuitiv erfahrbar zu machen. Es klappte hervorragend. Durch viele Jahre hindurch erarbeitete ich mit meinen Klienten, einzeln oder in Gruppen, verschiedenste Möglichkeiten, durch intuitives Hineinfühlen wertvolle Kenntnisse über ihre Thematiken zu erlangen.

Ein wichtiges Standard-Motiv im Katathymen Bilderleben ist eine Wiese, die über die derzeitige Befindlichkeit des Klienten Auskunft gibt. Er visualisiert und beschreibt seine Wiese. Vertrocknetes Gras etwa lässt darauf schließen, dass der Betreffende sich zu wenig um sich selbst kümmert. Ein üppig wachsender, gepflegter Rasen zeigt das Gegenteil auf. Betonwege auf der Wiesenfläche weisen auf zu viel Starre und Unnatürlichkeit hin, während Tiere, die in der Wiese leben, von Lebendigkeit des Menschen zeugen.

KOLLEKTIVES UNTERBEWUSSTSEIN

Einen wissenswerten Zusammenhang möchte ich noch zur Praxis des Katathymen Bilderlebens (KB oder KIP) herstellen. Katathym bedeutet übersetzt „gemäß der Seele". Dieses vom Psychotherapeuten Prof. Dr. med. Hanscarl Leuner entwickelte Verfahren, das auch als Symboldrama bezeichnet wird, lernte ich in meiner Ausbildung zur Hypnosetherapeutin kennen. Der in einen veränderten Bewusstseinszustand, in eine Trance geführte Klient beschreibt Bilder, die in ihm auftauchen und die durch Intervention des KB-Leiters zum Positiven verändert werden.

Die Bedeutungszuordnung für das einzelne Bildsymbol ist für alle Menschen gleich.

Es ist die Sprache des Unterbewussten, die kollektiv wirksam ist. In den Grundstufen dieser Methode gibt es Standardmotive und der Therapeut weiß, dass der Klient von seinem jetzigen Zustand spricht, wenn er die Wiese beschreibt, die vor seinem geistigen Auge auftaucht. Der Berg steht für Karriere und Berufsleben, das Haus für den Klienten selbst und der Waldrand für verdrängte Anteile. Wir kennen diese allgemeingültigen Zuordnungen auch aus der Traumdeutung und von Höhlenmalereien früherer Kulturen. Durch die Trance nimmt der Klient Kontakt zu diesen Urformen auf, der Therapeut begleitet ihn empathisch (mit wahrem Einfühlungsvermögen) auf diesem Weg, beide die Informationen des Feldes nützend. Auch bei Rückführungen wird das Wissen der Vorzeiten „angezapft" und für die Aufarbeitung von karmischen Themen verwendet.

MANTANKA arbeitet in und mit dem wissenden Feld. Sie selbst treten mit diesem ohne Umschweife in Kontakt, sobald Sie bewusst die Absicht haben, eine bestimmte Person oder vorab genannte Situation in Erfahrung zu bringen. Sie lesen ganz einfach im „Buch des Lebens".

Für all diejenigen, die noch nie Kurse dieser Art mitgemacht haben, mag dies alles etwas utopisch klingen. Es ist so, als würde man versuchen, jemandem Schnee beschreiben zu wollen, der noch nie damit in Berührung kam. Man kann ein ungefähres Bild davon vermitteln, doch wird es nicht ganz an die Realität heranreichen – solange nicht, bis derjenige diese Erfahrung selbst gemacht hat. Ab diesem Zeitpunkt wird er es nicht nur verstehen, sondern auch nachempfinden können, wie und was Schnee ist. Daher kann ich Ihnen nur empfehlen, selbst einmal an einem Workshop teilzunehmen. Aktiv oder als Zuseher, um gänzlich verstehen zu können, oder besser ausgedrückt, dann zu wissen, wie es sich anfühlt, Informationen aus dem Feld abzurufen.

Einfluss und Bedeutung des Gehens

KINESIOLOGIE

Dass durch Krabbeln, Robben und Gehen Nervenzellen angeregt und aktiviert werden, ist weitgehend bekannt. Was bei Kleinkindern äußerst wichtig für die Entwicklung der Intelligenz ist, hat auch bei Erwachsenen Auswirkungen. Ganz entgegen früheren Annahmen, dass die Bildung von Nervenzellen im Gehirn bei erwachsenen Menschen nicht mehr möglich ist, zeigen neuere Untersuchungen in eine andere Richtung. Auch nach der Kinder- und Jugendzeit werden weiter Nervenzellen gebildet und Nervenbahnen aktiviert, wie Deborah Sunbeck in ihrem Buch „Was die 8 möglich macht“ beschreibt. Durch die gegengleiche Bewegung von Armen und Beinen, in der Kinesiologie als Überkreuzbewegungen bezeichnet, schaffen Sie neue Vernetzungen im Gehirn.

Hier nun eine Übersicht dessen, was bei Kindern durch Gehen und Krabbeln angeregt wird – also auch bei uns Erwachsenen zumindest sinngemäß übernommen werden kann: das

Gleichgewicht, auch im Sinne von „im Gleichgewicht sein“. Der Thalamus (größter Teil des Zwischenhirns), unser „Tor zum Bewusstsein“, wird aktiviert. Dieser filtert Reize aus und prüft, ob sie wichtig genug sind, an das Großhirn weitergeleitet zu werden. Mit den Jahren besteht die Gefahr, immer einseitiger zu denken – wir wollen dem entgegenwirken und bislang nicht mehr beachtete Reize wieder wahrnehmen.

Ebenfalls angeregt wird der Hypothalamus, der das Hormonsystem steuert. Hier geht es um die Wahrnehmung der Bedürfnisse, die so mancher Erwachsene zumindest vorübergehend verlernt. Es geht darum, ob man satt ist oder noch tatsächlich Hunger empfindet, wie viel Schlaf man braucht usw.

Das limbische System, das unsere Emotionen steuert, ist ebenso durch die Bewegung angesprochen. Das Corpus callosum (Gehirnbalken) verbindet beide Gehirnhälften zum Informationsaustausch. Eine Fehlfunktion desselben äußert sich darin, dass man in einem Moment etwas weiß und kurz darauf vergessen hat oder unter Stress wesentlich langsamer und schlechter arbeitet.
Die rechte Gehirnhälfte, die in unseren Breiten ohnehin bei den meisten ein einsames Dasein fristet, wird durch das Gehen mit einbezogen. Diese steht für das Zeitlose, ist kreativ, ganzheitlich, unbegrenzt, bildhaft, symbolisch, gefühlsmäßig und nichtwertend.

Das bedeutet, wir aktivieren beim Gehen selbst bereits unsere vielfältigen sensorischen Fähigkeiten. Gekoppelt mit der Absicht, mit der man ins Thema geht, eröffnen sich ganz neue Lösungsmöglichkeiten.

Dadurch, dass die rechte Hemisphäre mit einbezogen wird, steht uns kreatives Potenzial zur Verfügung sowie der Zugang zur gesamten Wahrheit. Analyse und Synthese zur selben Zeit. Die Aktivierung beider Gehirnhälften fördert Selbsterkenntnis und Selbstwahrnehmung. Körper, Geist, Seele und Emotionen werden integriert. Um wie viel mehr Lösungsmöglichkeiten stehen uns wohl zur Verfügung, sobald wir nicht zwei- oder dreidimensional sehen und überlegen, sondern multidimensional? Der große Überblick entsteht bereits durch die Gehbewegung. Das Gehen in Form einer liegenden Acht stellt ein erweitertes neurologisches Training dar.

Praktisches Beispiel:
„Gehen in Form einer Acht"

Sie können das Gehen nicht nur zur Einstimmung auf sich selbst, andere Menschen und Situationen verwenden, sondern auch zur Aktivierung der Umsetzung Ihrer Vorhaben.

Wenn Sie ein Ziel haben, dessen Erreichung Sie allerdings anzweifeln, oder einen positiven Glaubenssatz, den Sie sich einprägen wollen, so sagen Sie diesen Satz und gehen Sie damit in Form einer liegenden Acht.

- Beispielsweise sagt jemand: „Ich setze mich gegenüber meiner Bürokollegin ab sofort durch!", und geht dabei im Raum eine Acht.
- Während des Gehens wiederholen Sie immer wieder Ihren Satz. Dazwischen spüren Sie hinein, was das Aussprechen dieses Satzes in Ihnen bewirkt. Sie formulieren diese Gefühle klar und wenn sie negativ sind – zum Beispiel taucht Angst auf, es doch nicht zu schaffen – dann halten Sie zusätzlich während des Gehens eine Hand auf Ihre Stirn. Dort befinden sich Stressablösepunkte (Meridianpunkte).
- Sagen Sie weiterhin Ihren Satz und Sie werden spüren, wie mit der Zeit das negative Empfinden nachlässt.
- Sobald Sie sich mit Ihrem Satz wohlfühlen, geben Sie die Hand wieder von der Stirn und sprechen den Satz so lange während des Gehens aus, bis Sie sich diesen verinnerlicht haben.

RITUELLES GEHEN DER ABORIGINES

Die australischen Ureinwohner verbinden mit dem Gehen eine rituelle Handlung, den bekannten Walkabout, den sie kilometerlang durch Regionen fernab jeglicher Zivilisation (Outback) gehen. Dieser Pfad führt entlang geomantischer Linien, die die Aborigines ausfindig machen. Sie haben von jeher die Fähigkeit, die Geomantik zu nützen. Der Begriff Geomantie kommt aus dem Altgriechischen und bedeutet „Weissagung der Erde".

Die Aborigines spüren dazu intuitiv elektromagnetische Felder auf, indem sie Muster in Sand und Boden wahrnehmen. Zur Verstärkung dieser Bereiche setzen sie Quarzkristalle, stark eisenhaltigen Ocker, Meteoritensteine, Blut und Vogelfedern ein. Dadurch ergibt sich eine nachweisbare erhöhte magnetische Resonanz auf Eisen. Sie verbinden durch das rituelle Gehen heilige Stätten, Seen, Berge und Bäume. Es ist ein Initiationsweg, bei dem sie ihren Geist und ihre Seele reinigen, um sich weiterzuentwickeln. Jeder der Ureinwohner startet mit einer Frage in den Walkabout und kehrt mit einer Antwort zurück.

ERD-FREQUENZEN

Winfried Otto Schumann, ein Physikprofessor aus München, stellte fest, dass die Erdoberfläche und der obere Teil der Atmosphäre (Ionosphäre) eine Eigenfrequenz von 7,83 Hertz haben, die nach ihm benannte *Schumann-Frequenz*. Weitere Forschungen ergaben, dass bei Gewitter eine ebensolche Frequenzhöhe aufscheint. Meditierende im Alpha-Zustand gelangen auf etwa 8–12 Hertz. In gemeinsamer Meditation ist es möglich, eine Frequenz von genau 7,83 Hertz zu erreichen, was Forscher dazu veranlasst hat, einen Zusammenhang zwischen in Trance durchgeführten Regentänzen verschiedener Naturvölker und dem tatsächlichen Entstehen von Regen einige Zeit darauf zu konstatieren.

Was unserem Geist heute Rätsel aufgibt, weil wir es analytisch verstehen wollen, nutzen Urvölker instinktiv seit langer Zeit. In harmonischer Verbindung mit der Natur brauchen sie keine Erklärungen und Statistiken, sie lassen sich einfach darauf ein und lernen aus den Ergebnissen. Wenn wir es schaffen, in Verbindung zur Natur zu sein, sind wir in Verbindung mit der Natur des Menschen. Die Schamanen kennen ebenfalls eine empathische Art des Gehens zum Zwecke der Selbsterkenntnis und um das energetische Gleichgewicht wiederherzustellen.

Praktisches Beispiel
„Indianisches Ritual des Gehens“

In das Ritual indianischen Ursprungs, das ich Ihnen zur Veranschaulichung schildern möchte, ließ mich der Schamane Stone Hill, der in Oberösterreich lebt, eintauchen:

› Der Ratsuchende beginnt zu gehen und sich im Raum zu bewegen.
› Der Schamane folgt diesem, geht knapp hinter ihm. Dabei wird nicht gesprochen. Ersterer hat die Aufgabe, sich so zu bewegen, wie er sich immer bewegt, so zu gehen wie sonst auch. Er geht dabei seinen Weg.
› Der Schamane achtet beim Hinterhergehen auf alles, auf jedes kleinste Detail. Er versucht, das Gehen und die Umwelt so wahrzunehmen, wie der Klient es tut. Dazu übernimmt er dessen Körperhaltung, seine Geschwindigkeit, sieht dorthin, wo auch der Ratsuchende hinsieht, bewegt sich so wie er, nimmt wahr, was dieser wahrnimmt.

Dieser Prozess kann zehn bis zwanzig Minuten lang so weitergeführt werden.

› Dabei kommt der Schamane immer mehr in Kontakt mit dem Inneren des anderen. Er nimmt wahr, ob der Weg leicht ist oder schwierig oder beispielsweise am Beginn einfach und danach verworren usw.
› Der dahinter Gehende versucht, alles eins zu eins zu übernehmen. Beide gehen schweigend so lange, bis sie am Ziel des Weges sind. Wann das der Fall ist, weiß der Klient und

dieser sagt auch, wann das „Gehen in den Mokassins" zu Ende ist.

- Während des Bewegens kommt der Schamane in einen veränderten Bewusstseinszustand, in eine leichte Trance und fügt alles Wahrgenommene in ein Gesamtbild zusammen.
- Nach dem Gehen teilt er dem Ratsuchenden seine Eindrücke mit, wodurch dieser Aussagen über seinen Weg und seine gegenwärtige Situation erhält. Er bekommt eine Rückmeldung darüber, wodurch er sich den Weg eventuell schwerer macht, als es sein müsste, oder warum es so lange dauert, bis er zum Ziel kommt.

Diese authentischen Statements bewirken ein Bewusstwerden beim Klienten und daraus folgend eine Veränderung von Einstellungen und Handlungen.

RITUELLES GEHEN IM BUDDHISMUS

In der buddhistischen Tradition gibt es das Gehen im Gänsemarsch, Kinhin genannt. Es ist ein Gehen in Achtsamkeit und Bewusstheit. Ziel dieser Übungen ist es unter anderem, sich von Vorurteilen und Vorerfahrungen freizumachen.

Durch das kompromisslose Fokussieren auf das Gehen in der Gegenwart, auf jeden einzelnen Schritt im gegenwärtigen Moment, verbinden die Übenden sich mit dem Jetzt. Bewertungen finden keinen Platz mehr, das ausschließliche Annehmen des Augenblicks hat Priorität.

Dadurch haben die Praktizierenden Zugang zur Intuition durch Ausbleiben von Wertung. Es ist weder gut noch schlecht, weder so wie früher noch so wie später. Das Tor zu allen Wahrnehmungsebenen öffnet sich, die Empfänglichkeit für Intuition und Vision wird erhöht.

Ich selbst nahm an einer zehntägigen buddhistischen Achtsamkeits- und Schweige-Meditation teil, im Rahmen derer jeglicher Kontakt mit der Umwelt ausgeschlossen war. Keine Reize von außen, kein Telefon, keine Medien, kein Lesematerial, keine Gespräche, kein Blickkontakt zu anderen. Zehn Stunden am Tag stille Meditation alleine und in Gruppen. Besonders schwierig war für mich, dass in mir so viele Fragen aufkamen, über die ich mich nicht austauschen durfte. Es waren weniger persönliche Fragen, sondern vielmehr Gedanken über die Welt und das Leben überhaupt.

Da alle Formen der Kommunikation für diese 10 Tage untersagt waren, mussten auch diese Fragen verblassen und allmählich den Empfindungen im Jetzt weichen. Man hatte eigentlich gar keine andere Wahl. Wir sollten uns ausschließlich auf bestimmte Körperwahrnehmungen konzentrieren, deren Verlauf aber weder verfolgen noch darüber nachdenken, nur wahrnehmen und keinesfalls bewerten. Egal, ob man ein Jucken am Ohr verspürte oder Hunger sich meldete, alles war gleichwertig und neutral anzunehmen. Diese Tage waren gewiss keine einfache Zeit, doch eine ganz besondere Erfahrung. Die Sinne schärften sich enorm, ich bemerkte Details, die ansonsten spurlos an einem vorübergegangen wären, und ich hatte vor allem die Zeit, wirklich ganz tief in mich hineinzuspüren.

Nach sechs Tagen erst (oder bereits) nahm ich Sequenzen wahr, in denen meine inneren Stimmen total ruhten. Endlich konnte ich das Gedankenkarussell anhalten – es war wirklich still in mir – ein unsagbares Gefühl! Wenn man bedenkt, dass ein Mensch im Durchschnitt täglich 60.000 Gedanken hat, sind einige Minuten komplett gedankenfreie Zeit ein großes Geschenk. Was ich mir für meinen weiteren Weg und den Alltag mitnahm, war die Option, Situationen – zumindest kurzfristig – völlig wertfrei zu betrachten. Das öffnete mich für neue Sichtweisen und Lösungsmöglichkeiten.

Auch Eckhart Tolle, ein spiritueller Meister der heutigen Zeit, schreibt in seinem Buch „Jetzt!“ darüber, dass es im jetzigen Moment niemals ein Problem geben kann. Erst die Wertung aufgrund von Erfahrungen, die wir früher gemacht haben, oder die Angst, was sich in Zukunft daraus entwickeln könnte, macht ein Problem daraus.

Wenn Sie sich mit Ihrer ganzen Aufmerksamkeit ins Jetzt, in diesen einen, einzigartigen und unwiederbringlichen Moment begeben können, sind Sie zumindest für diesen kurzen Zeitraum in Verbindung mit sich selbst und folglich mit dem Sein.

Praktisches Beispiel:
„Fokussiertes Gehen“

Atmen Sie mehrmals gut durch und fokussieren Sie sich auf sich selbst. Spüren Sie, wie Sie mit beiden Sohlen auf dem Boden stehen. Gehen Sie sehr langsam und behutsam Schritt für Schritt. Beobachten Sie dabei, was Sie körperlich empfinden. Zum Beispiel das Abrollen und Aufsetzen der Sohle auf dem Boden, wie weit die Armbewegung geht etc. Sie werden erkennen, dass Sie nur noch sehr, sehr langsam gehen können, sobald der Fokus auf Ihrem Körper und Ihren Empfindungen liegt.

Dies ist eine Form der Meditation im Gehen, durch die Sie wieder lernen, Ihre Konzentration auf sich selbst zu richten. Diese Fähigkeit können Sie bei MANTANKA gut einsetzen und sie hilft Ihnen auch in alltäglichen Situationen, wenn Sie merken, sich zu sehr von der Außenwelt ablenken zu lassen. Sie kommen damit wieder zu sich und spüren in dieser Ruhe erneut intuitiv, was richtig oder falsch ist.

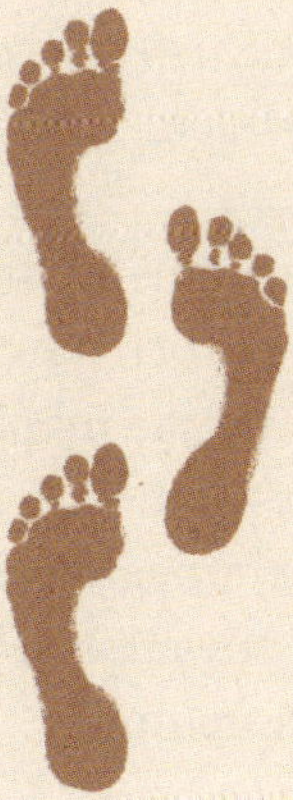

VOM GEHEN ZUM SPÜREN

Im Talmud, einer der bedeutendsten Schriften der jüdischen Glaubensrichtung, wird die Bedeutsamkeit der Gedanken und Worte für unser Leben beschrieben:

„Achte auf deine Gedanken,
denn sie werden Worte.
Achte auf deine Worte,
denn sie werden Handlungen.
Achte auf deine Handlungen,
denn sie werden Gewohnheiten.
Achte auf deine Gewohnheiten,
denn sie werden dein Charakter.
Achte auf deinen Charakter,
denn er wird dein Schicksal.“

Auch das Buch der Christen vermerkt: „Am Anfang war das Wort.“ Buddhisten bezeichnen diese Weltensilbe, aus der die Welt entstanden ist, als „OM“.

Es geht also nur mehr darum, es wahrzunehmen – das ursprüngliche Wort, die eigentliche Schwingung, die Essenz, die Kraft gibt. Leicht möglich, dass unser linkshirnig trainierter Verstand sich (noch) nicht für die ganze Tragweite öffnen kann, beziehungsweise unsere ständig kursierenden Gedanken es uns zuweilen schwer machen, das Wichtigste zu hören und wahrzunehmen.

Praktisches Beispiel:
„Wörter erspüren“

Vielleicht wollen Sie eine praktische Übung ausprobieren, um die Wirkung von Worten zu erspüren und damit Ihre Kreativität und Sensitivität (rechte Gehirnhälfte) zu aktivieren. Es ist interessant, dass die indianischen Völker zwar sehr viele verschiedene Sprachen und Dialekte hatten, ihnen jedoch gemeinsam war, dass sie kaum Substantive, also Namen und Hauptwörter benutzten. Ihr Sprachmuster bestand hauptsächlich aus Verben.

Hier kommt der beobachtende Aspekt zum Vorschein, ebenso wie die grundsätzliche Lebenseinstellung, dass persönlicher Besitz nicht wichtig ist bzw. dass ein Besitzen von Land erst gar nicht möglich ist.

IM EINKLANG MIT DER NATUR, ALS TEIL DER NATUR KANN MAN NATUR NICHT BESITZEN.

Für mich ist die beschreibende, umschreibende Sprache etwas ganz Besonderes. Auch Kinder lieben es, diese Übung durchzuführen. Sie macht Spaß und hat energetisch viel Kraft und Lebendigkeit. Wenn Sie also nächstes Mal spazieren gehen, versuchen Sie, die Dinge, die Sie sehen, nicht beim Namen zu nennen, sondern sie zu umschreiben. Sie können dies in Gedanken durchführen oder wenn Sie zu zweit unterwegs sind, ist das auch eine schöne, ganz neue Art, sich zu unterhalten.

› Sie sehen also einen Baum und sagen oder denken nicht: „Das ist ein Baum“, sondern zum Beispiel „Das ist der, der da Ewigkeiten steht und beobachtet.“
› Die rosafarbene Blume ist dann eben „Jene, die duftet und die mich fröhlich macht“.

Fühlen Sie, wie Sie das Umschreiben verändert? Das ist eine Art, die Schwingung von Worten und von Sprache allgemein wirklich zu erleben.

ICH MÖCHTE IHNEN EIN SOLCHES ERLEBNIS SCHILDERN:
Beim Spazierengehen an einem schönen Sommertag führte ich wieder einmal diese Übung durch und benannte all das, worauf ich meine Aufmerksamkeit richtete, in beschreibender Form. Dabei fiel mein Fokus auf die Wiese neben dem Weg und die Erde darunter. Ich sagte aus einer inneren Bestimmtheit heraus: „Du bist das, was vieles beheimatet!"

Als ich diesen Satz ausgesprochen hatte, blieb ich stehen. Es war, als würden sich vor mir Erde und Wiese weiten. Sie wurden in meiner Wahrnehmung breiter, größer, tiefer. Das Grün nahm ich intensiver wahr und in mir breitete sich ein Gefühl der Zufriedenheit aus. Ich verharrte einige Zeit an dieser Stelle und verspürte dann das Bedürfnis, meine Sandalen auszuziehen und einen Schritt vom Weg in die Wiese zu setzen. Da stand ich nun im Gras. Die Folge davon war ein unbeschreibliches Gefühl der Verbundenheit, das ich zum einen über meinen Körper als ein Aufstellen der Härchen auf meinen Armen wahrnahm, zum anderen über die innere Gewissheit, dass es so ist. Wie von selbst breiteten sich meine Arme zur Seite und nach oben hin aus, so als könnte ich damit Himmel und Erde verbinden.

Ich kann nicht genau sagen, wie lange ich in dieser Stellung verblieb, ich weiß nur, dass mich die erlebte wunderbare Empfindung der Zufriedenheit und des Einsseins noch lange Zeit in meinem Alltag begleitete.

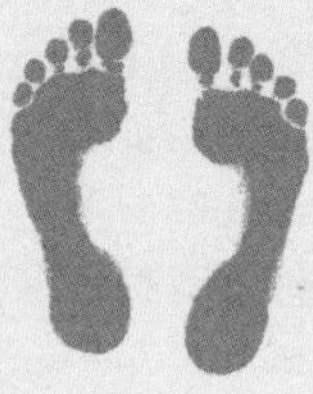

In vielen spirituellen Richtungen spricht man vom „Hohen Selbst“, das alles weiß. Ausgehend von der Annahme, dass der Seele mehrere Leben zur Entwicklung zur Verfügung stehen, gibt es eine Seelen-Ebene oder einen Seelenanteil, der alle Leben miterlebt hat. Diese höchste Instanz hat daher Zugang zur Einheit und dadurch zu Wissen außerhalb von Raum und Zeit. Wem es gelingt, sich auf das „Hohe Selbst“ einzulassen, fühlt die Verbundenheit mit der gesamten Schöpfung und löst die Probleme in unserer materiellen Welt aus diesem höheren Blickwinkel heraus.

Es gibt unzählige Meditations-, Körper- und Mentaltechniken, die das Ziel verfolgen, den Kontakt zu diesem Anteil herzustellen. Diese zielen darauf ab, Energie durch das Energiezentrum des dritten Auges, auch Ajna-Chakra genannt, aufzunehmen. Licht besteht aus Energie und soll somit die *Hypophyse* (Hirnanhangsdrüse) im Gehirn stimulieren.

Durch die so erzielte höhere Schwingungsfrequenz erweitert sich unsere Wahrnehmung. Wenn Sie in der Lage sind, Ihr drittes Auge zumindest zeitweise zu benutzen, sehen oder wissen Sie Dinge, die Sie eigentlich nicht wissen können, sind also im Fluss mit der Urquelle allen Seins.

Die *Epiphyse* (Zirbeldrüse) soll nach Meinung vieler spiritueller Richtungen ursprünglich bis zu zehn Mal so groß gewesen sein, als es bei den heute lebenden Menschen der Fall ist. Laut Wissenschaft ist diese Drüse für unseren Schlaf-wach-Rhythmus zuständig. Außerdem für die Kontrolle der Körpertemperatur, die Nierenfunktion, Fortpflanzung, Wachstum, Immunsystem, Kontrolle und Vernichtung von stresserzeugenden Substanzen, Schutz der DNA vor krebsauslösenden Einflüssen, Umsetzung des Schilddrüsenhormons für mehr Energie und für die Steuerung des Alterungsprozesses. Alles in allem äußerst wichtige Funktionen. Die Drüse produziert das Hormon Melatonin, allerdings nur, wenn es stockdunkel ist. Eine Erklärung für die Verkümmerung der Zirbeldrüse wäre wohl die, dass es im Gegensatz zu früher heutzutage kaum mehr wirklich ganz dunkel ist. Überall sind Lichter, Straßenbeleuchtung, Leuchtreklame usw. angebracht. Bei Kindern ist die Melatonin-Produktion trotz allem noch höher als bei Erwachsenen, weshalb sie wohl auch empfänglicher für außersinnliche Wahrnehmungen sind.

Vor Beginn einer MANTANKA-Sequenz fokussieren sich daher manche vor dem Hineingehen kurz auf das Energiezentrum zwischen den Augen oder bitten um die Verbindung mit dem Höheren Selbst, um Zugang zu Lösungen zu erlangen, die auf der reinen Denkebene nicht greifbar sind.

Praktisches Beispiel:

„Das dritte Auge aktivieren“

- Atmen Sie einige Male tief ein und aus und schließen Sie Ihre Augen.
- Stellen Sie sich eine Linie vor, die quer zwischen Ihren Ohrspitzen durch den Kopf verläuft und diese miteinander verbindet.
- Wenn Sie diese Linie klar wahrnehmen, stellen Sie sich eine weitere von Ihrer Stirn zum Hinterkopf vor, mittig durch Ihren Kopf verlaufend, in der Höhe Ihrer Augenbrauen zum Hinterkopf. Am Kreuzungspunkt der beiden gedachten Markierungen befindet sich die Epiphyse (Zirbeldrüse).

› Gehen Sie mit Ihrer Aufmerksamkeit zu diesem Punkt und visualisieren Sie dort einen kleinen Lichtball, der in hellem Weiß erstrahlt und mit Ihren weiteren tiefen Atemzügen immer größer wird.
› Mit der Zeit strahlt das Licht aus und strömt durch die Stelle zwischen Ihren Augenbrauen wieder hinaus.

Auf diesem Weg aktiviert der Lichtstrahl Ihren intuitiven Wahrnehmungskanal und öffnet Ihr drittes Auge für außersinnliche Wahrnehmung.

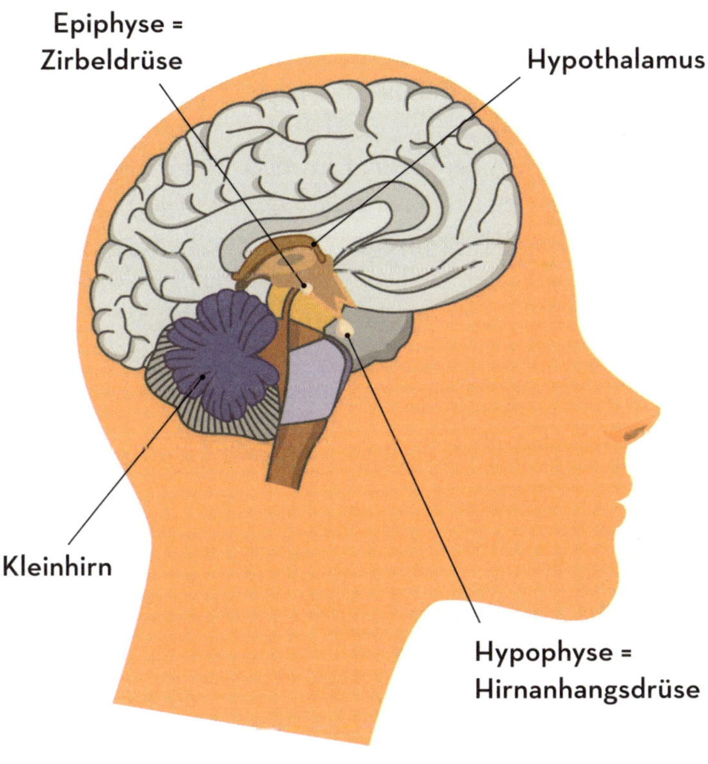

Außersinnliche Wahrnehmung – Intuition, Telepathie, Vision

Die Erkenntnisse, die wir aus der Arbeit mit MANTANKA gewinnen, gelangen durch unsere Wahrnehmung außerhalb der üblichen fünf Sinne (sehen, hören, tasten, riechen, schmecken) in unser Bewusstsein.

Intuitive, außersinnliche Wahrnehmung hat viele verschiedene Facetten. Ich möchte hier beispielhaft die INTUITION nennen, die TELEPATHIE und die VISION.

INTUITION IST WIE EIN GEISTESBLITZ.
Sie hat mit der Gegenwart zu tun. Mit einem Male verstehen Sie etwas sofort, ohne Details zu wissen. Emotionen wirken hier störend. Deshalb funktioniert echte Intuition nur dann, wenn wir von innen her derart fasziniert sind und gar keine Zeit haben, darüber nachzudenken oder das Ganze zu analysieren. Im Moment sehen Sie das gesamte Bild, ganz ohne Wertung. Sie wissen einfach das Wesentliche. Sobald das Gefühl der Angst hinzukommt, ist es mit Sicherheit keine Intuition, denn diese äußert sich mit einem Bewusstsein der Klarheit, es ist dann einfach so, nicht mehr und nicht weniger.

TELEPATHIE IST WIE EIN SENSOR, EINE ANTENNE, DIE SIE NÜTZEN.
Sie nehmen Ihre äußere Welt auch außerhalb der üblichen Sinneseindrücke, wie sehen, hören, riechen, schmecken, tasten, wahr. Sie schaffen somit eine Sensitivität wahrzunehmen, was andere fühlen und im Moment erfahren. Die Kunst zu Beginn der Wiederaktivierung dieser angeborenen Fähigkeit ist, die eigenen Gedanken und Empfindungen von denen der anderen unterscheiden zu lernen. Sie sind in dem Moment

mit der Gegenwart verankert und sind in diesem Augenblick dieser andere Mensch. Stress stört den Empfang solcher Eindrücke oder zieht den Stress der anderen an. Bewusstes Unterscheiden ist hier der Schlüssel zum Erfolg.

VISION GEHT ÜBER DIE GEGENWART HINAUS, IN DIE VERGANGENHEIT UND IN DIE ZUKUNFT.
Solange Sie nicht unter Stress stehen, können Sie sich auch auf die Visionen anderer einstimmen und sie empfangen. Auch dieses Talent ist uns angeboren und lässt sich, falls es inzwischen in Vergessenheit geraten ist, durch Bewusstmachen wieder aktivieren.

Bei Kindern bis zum Volksschulalter funktionieren meist noch alle drei Bereiche. Deshalb sind sie in ihren Ideen kaum aufzuhalten. Als Kind träumten wir klar von unseren Visionen, kannten die ganze Wahrheit und handelten, ohne Zeit zu verschwenden. Mit dem Heranwachsen wurden durch Angst und Schmerz Einschränkungen erschaffen. Für uns Erwachsene ist unsere Wirklichkeit dann meist die Summe dieser Begrenzungen. Es wird also Zeit, dass wir uns wieder für das ganze Potenzial öffnen.

MANTANKA ist ein Weg, diese intuitiven Fähigkeiten wiederzubeleben. Nichts also, was wir eigens erst erlernen müssen, sondern etwas, das uns ohnehin zu eigen ist, bei manchen vielleicht zu lange brachgelegen hat, aber jederzeit aktiviert werden kann. Der positive Nebeneffekt dabei ist, dass das wiedergewonnene Vertrauen in die eigene Intuition auch im Alltag für raschere Lösungen und klare Entscheidungen genützt werden kann.

MANTANKA macht sich, wie oben beschrieben, die Tatsache zunutze, dass durch das Gehen eine neue Wahrnehmungsfähigkeit gefördert wird. Der Zugang zu intuitiver und außersinnlicher Wahrnehmung wird dadurch wesentlich erleichtert.

Das ist der Grund, warum in einer MANTANKA-Sequenz das Thema durch reale Bewegung im Raum erfahrbar gemacht wird. All diese Zugänge und Sichtweisen beschreiben, was MANTANKA meint. Es ist die Verbindung zum Augenblick, zum wahren Kern der Dinge, der sich jedem offenbart, sobald er seinen Fokus darauf richtet.

Unzählige Ablenkungen im heutigen Alltag, ein Überangebot an Reizen lässt uns den Fokus und unsere Gedankenrichtung verlieren. Das ist das eine. Zum anderen bleibt kein Platz mehr für den leeren Gedankenraum, den wir benötigen, um unsere Sensoren „auf Empfang" zu stellen bzw. den richtigen Sender herauszufinden. Welchen Weg Sie dazu beschreiten, ist beliebig, es gibt eine Fülle davon, Sie haben die Wahl. Das Ergebnis ist, was zählt:

Erfassen der Essenz der Dinge, Einsicht und Erkenntnis im Jetzt durch vorurteilsfreies und nichtbeurteilendes Wahrnehmen.

MANTANKA – GROSSES WISSEN

„Beachte immer, dass nichts bleibt,
wie es ist, und denke daran,
dass die Natur immer wieder ihre Formen wechselt."

Marc Aurel

Wir sind im Leben immer wieder einmal Lehrende, dann wieder Suchende. Ich lerne mein gesamtes Leben lang bis zum letzten Atemzug. Jeder von uns kann andere an den gemachten Erfahrungen teilhaben lassen, sofern sie offen dafür sind. Wir leben in einer Zeit des Wandels. Die Astrologen sprechen vom Übergang des Fischezeitalters ins Wassermannzeitalter. Ein solcher Wechsel findet nur alle 25.850 Jahre statt. Wassermännisch betrachtet bedeutet dies eine neue Zeit des schöpferischen und freien Lebens, des Unkonventionellen, des Individuellen, der Reformen und Erneuerungen.

Der Mayakalender prophezeit ebenso eine gänzlich neue Phase, in der vieles seine Gültigkeit verliert. Auch der Zeitbegriff ist von der Veränderung betroffen, weshalb der Kalender der Mayas in dieser Form nicht mehr weiter besteht. Durch die Polverschiebung ändern sich messbar das Magnetfeld sowie die Schwingungsfrequenz der Erde und damit das Zeitempfinden der Menschen. Wir kennen dieses Phänomen der unterschiedlichen Zeitwahrnehmung ohnehin aus dem Alltag, wo die wenigen Minuten der Zahnbehandlung einem unvergleichbar länger vorkommen als dieselbe Anzahl an Minuten bei einem freudigen Erlebnis. Auch da sind wir in jeweils anderer Stimmung und Schwingung, was sich auf die Einschätzung von Zeit auswirkt.

So massive Veränderungen unseres Planeten können nicht ohne Einfluss auf uns Menschen bleiben, andere Schwingung bedeutet andere Wahrnehmung. Kinder, die in den letzten Jahren geboren wurden, haben besondere Begabungen in Hinsicht ihrer (außersinnlichen) Wahrnehmungsfähigkeit und lassen sich vor allem nicht mehr davon abhalten, diese zu nützen.

Die „reale Welt" ist geprägt von großen Umstürzen und Veränderungen. Geknebelte Völker setzen sich zur Wehr, alte Systeme brechen in sich zusammen, Aufdeckung von Korruption und Machtmissbrauch stehen an der Tagesordnung, das Geldsystem stellt sich selbst infrage. Wohin man auch blickt, es ist nicht zu übersehen, ein großer Wandel findet statt. Und wir sind mittendrin.

Auch ich habe in den letzten Jahren meiner beratenden Tätigkeit beobachtet, dass die einzelnen Konsultationen anders verlaufen als früher. Die Themen, mit denen Leute auf mich zukommen, haben sich verändert. Viele denken global und ganzheitlicher. Manche haben ihren Weg und ihre Visionen verloren und suchen nach schwerer gesundheitlicher Beeinträchtigung die Heilung in und durch sich selbst. Psychischer Stress, der unerträglich wurde, bewegt so manchen zu grundlegender Veränderung in der Einstellung zum Leben allgemein. Der Druck ist so enorm, dass sie gewillt sind, ihren Tagesablauf und ihre bisher gültigen Wertigkeiten zu hinterfragen und zu ändern. Nicht wenige beenden ihre manchmal sogar finanziell erfolgreiche, aber nicht glücklich machende berufliche Laufbahn und lassen sich umschulen zu einer Tätigkeit, die sie aus ihrem Herzen heraus tun.

Ich treffe oft auf Menschen, deren Bewusstseinsgrad es nicht mehr zulässt, anderen die Schuld für ihre Unzufriedenheit zu geben. Sie suchen wirklich nach der Wurzel des Leids und kommen somit zu ihrer wahren Stärke und Kraft.

Ich absolvierte mit den Jahren eine Vielzahl an Ausbildungen und intensiven Selbsterfahrungs-Workshops in verschiedensten psychologischen, pädagogischen, therapeutischen, energetischen und spirituellen Richtungen. Meine Herangehensweise war es immer schon, mich sehr intensiv und umfassend mit dem zu beschäftigen, was sich mir als Lernende bot.

„Walk your talk" war und ist meine Devise. Dieser Ausspruch findet sich auch bei manchen indigenen Völkern Nord-Amerikas. Frei übersetzt: „Lebe das, was du sagst!" Ich empfinde großen Respekt vor Menschen, die das ebenso tun.

Durch meine langjährige Praxiserfahrung und meinen umfangreichen theoretischen Input bin ich heute in der Lage, mir viele Zugänge zu eröffnen und andere behutsam dabei zu begleiten, ihren eigenen Weg zu finden. Ich habe die Erfahrung gemacht, dass alle Methoden, und seien sie auf dem ersten Blick noch so unterschiedlich, ihr Gemeinsames haben.

Entwicklungsgeschichte von MANTANKA

In meiner Ausbildung zur Kinesiologin lernte ich Techniken aus NLP kennen (Neurolinguistische Programmierung), unter anderem eine, mittels derer eine Person verschiedene Sichtweisen einnehmen kann. Dieses System wurde vom Mathematiker und Psychologen Richard Bandler und dem Sprachwissenschaftler (Linguistik) John Grinder Anfang der 1970er-Jahre in USA begründet und mittlerweile in verschiedene Richtungen weiterentwickelt. Robert Brian Dilts, führender NLP-Trainer, unterscheidet vier Wahrnehmungspositionen: die Ich-Position, die Du-Position, die Beobachter- oder Meta-Position und die Wir-Position. Die jeweiligen Blickpunkte werden mittels beschrifteter Zettel oder Filzpatschen (Filzpantoffeln) an verschiedenen Stellen im Raum festgelegt und der Klient stellt sich auf den jeweiligen Platz.

Praktisches Beispiel:
„Positionen wahrnehmen"

Ein Klient hat ein Problem mit dem Verhalten seines Chefs.

- Er legt den Zettel „Ich" auf einen Platz im Raum, einen Zettel mit der Aufschrift „Chef" in einigem Abstand gegenüber auf den Boden. Die dritte Position, der dritte Zettel, bezeichnet den „Beobachter", die Meta-Position. Das ist die Sicht eines Außenstehenden. Zusätzlich kann man auch noch das „Wir" einbringen – das wäre dann der gemeinsame Blickwinkel.
- Der Klient stellt sich auf seinen Zettel „Ich", spürt hinein und berichtet, was er fühlt und denkt.

- Der NLP-Leiter stellt Fragen über die Befindlichkeit, Gefühle, Gedanken an dieser und jener Stelle.
- Der Klient fühlt sich hinein, geht dabei über sich selbst, über seinen persönlichen Eindruck hinaus und nimmt auf allen Ebenen wahr. Er beschreibt alles, was er aufnimmt, und wird sich klar darüber, was er fühlt und denkt. Und das nicht nur aus seiner Position, sondern durch das Stellen auf die anderen Positionen (Zetteln) wird ein und dieselbe Situation aus verschiedenen Blickwinkeln erlebbar gemacht.

Es faszinierte mich, wie es möglich war, etwas zu wissen, was man eigentlich, rein logisch betrachtet, nicht wissen kann. Es gefiel mir, war ich doch wieder, so wie früher als Kind, in der Lage, meine Wahrnehmungskanäle zu nützen und mir selbst und anderen zu helfen. Erst später erfuhr ich, dass es ein Sichhineinbegeben in das wissende Feld war, welches auch morphogenetisches Feld genannt wird und welches viele verschiedene Methoden nützen.

In den Astrologie- und Tarot-Ausbildungskursen, die ich leitete, gingen wir dann dazu über, uns mit den jeweiligen Karten oder Planetensymbolen in das wissende Feld hineinzubegeben. Wir gingen sozusagen in das Kartenbild hinein, um erfahrbar und erlebbar zu machen, was dieses Bild aussagt. Die Bilder des Tarot werden als „Buch des Lebens" bezeichnet, wie auch das Lesen in der Akasha-Chronik.

Wenn Sie sich gerne mit Tarotkarten beschäftigen, probieren Sie es aus. Nehmen Sie das Kartenbild, das Ihnen nicht ganz klar ist und zu dem Sie weitere Informationen benötigen. Betrachten Sie dieses ganz genau und beschaffen Sie sich die Utensilien, die Sie laut Kartenbild zum Hineingehen in die Karte brauchen.

VII
Der WAGEN
© 1971 U.S. GAMES SYSTEMS, INC.

Praxis-Bericht:
„In ein Kartenbild hineingehen"

Die Kurs-Teilnehmerin wollte die Tarot-Karte „Der Wagen" aus der Großen Arkana erfahrbar machen. Diese zeigt einen Mann, der festlich und ritterlich gekleidet in einem Wagen mit Baldachin (Zierdach) steht. Hinter ihm sieht man eine Burg mit Burggraben. Vor dem Wagen sitzt rechts und links je eine Sphinx, also eine Gestalt mit dem Körper eines Löwen und dem Kopf eines Menschen.

- › Die Teilnehmerin stellte zwei Stühle links und rechts von sich auf. Diese sollten den Wagen darstellen. Zwei Teilnehmer spannten eine Decke über ihren Kopf, um das Zierdach des Wagens zu symbolisieren. Zwei andere Teilnehmer setzten sich als Sphinxe vor den Wagen. Der Kasten an der Wand diente als Burg im Hintergrund.
- › Die Teilnehmerin stellte sich in den Wagen und spürte hinein. Sie empfand sich als instabil und unsicher. Sie wisse nicht, wann es losgehe und wohin. Die Unruhe breitete sich immer mehr aus.
- › Sie hatte die Idee, noch einen weiteren Sessel hinzuzustellen. Diesen platzierte sie vor sich und drehte ihn dann noch so, dass die Rückenlehne ihr zugewandt war. Nun veränderte sich ihr Empfinden. Sie lächelte und sagte freudestrahlend, dass es jetzt losginge. Sie habe nun Halt und auch das Gefühl, die Sphinxe zum Starten zu bewegen.

Es war für die Teilnehmer ein tolles Aha-Erlebnis, da tatsächlich auf dem Bild keine Leine abgebildet ist, die den Wagenlenker mit den Sphinxen verbinden würde. Wie sollte man da losfahren können? Die Botschaft dieser Karte lautet auch „freudiger Aufbruch" und dass man die Zügel in die Hand nehmen und gleich losstarten soll.

Auch wenn man die Karten nicht so gut kennt, zeigen sich durch das Hineingehen und Hineinspüren ins Bild wertvolle Erkenntnisse, die einem durch das reine Ansehen der Karte verborgen bleiben.

Alternativ zu dieser Methode haben wir auch damit experimentiert, die Karte einfach in die Hand zu nehmen und damit im wissenden Feld zu gehen.

- Die Teilnehmerin geht anfangs Runden, es verändern sich die Gehgeschwindigkeit, die Körperhaltung, der Gesichtsausdruck.
- Die Teilnehmerin spricht immer wieder aus, was sie gerade empfindet, welche Gedanken ihr dabei durch den Kopf gehen, und schafft dadurch rasch und leicht einen wissenden Zugang zum betreffenden Kartenbild.
- Wir versuchten dies dann in weiterer Folge mit umgedrehten Karten. Die Teilnehmerin wusste also nicht, um welche der 78 Karten es sich handelte. Wir waren immer wieder fasziniert von den treffsicheren Aussagen im wissenden Feld und erfuhren so immer mehr Detail-Bedeutungen der einzelnen Bilder.

MANTANKA war geboren, ohne damals noch zu wissen, dass ich es einige Jahre später so benennen und noch weitere Strukturen dazu einbauen würde.

MANTANKA ist ein Entwicklungsweg, in den ich die Essenz von seit Jahrhunderten bewährten Methoden und meine eigene praktische Erfahrung zusammenfließen ließ. Aus diesem umfassenden Wissens-Spektrum und meiner eigenen Methodik entstand mit den Jahren eine einzigartige Kombination, aus der ich schöpfe, um für die Kurs-Teilnehmer achtsam einen Rahmen zu schaffen, sich selbst und damit die Verbindung zum Ursprung allen Seins wiederzuentdecken. Der Weg, den jeder beschreitet, unterscheidet sich vom jeweils anderen, da sich die Erfahrungen der einzelnen Personen nie gleichen.

Was wir verlernt haben, möchte ich durch MANTANKA wieder aktivieren helfen – das Vertrauen in die eigene Intuition, in sich selbst und dadurch ins Leben!

MANTANKA IST

- eine Anregung an den menschlichen Geist
- eine Hilfe zur Selbsthilfe
- eine Wiederentdeckung der eigenen Fähigkeiten
- eine Vertrauens-Schulung
- eine Reise zu sich selbst, zum wahren, natürlichen Ich
- ein Sichverbinden mit anderen
- ein Eintauchen in eine erweiterte Wahrnehmung außerhalb der fünf Sinne
- ein Workshop, ein Ausbildungslehrgang, eine Lebensschule
- eine Methodik, die sich, so wie das Leben auch, stets weiterentwickelt
- eine (neue) Lebens-Einstellung

MANTANKA nützt zwar die Informationen des morphogenetischen Feldes oder aus dem „Buch des Lebens", wie viele andere Methoden auch, jedoch ist der Zugang (im Gegensatz zur Aufstellungsarbeit) nicht systemisch. Ablauf und Schwerpunkt sind andere, wir gehen bei MANTANKA immer vom Jetzt aus und beziehen nicht das Herkunftssystem (Familie) des Klienten mit ein. Die Verstrickungen der Generationen sowie die systemische hierarchische Ordnung sind kein Thema.

In Aufstellungen ist darauf zu achten, einen Ausgleich zwischen Geben und Nehmen zu schaffen und Bindungen und Zugehörigkeiten aufzudecken. MANTANKA greift ganz im Gegensatz dazu auf, was sich jetzt zeigt. Die Teilnehmer spüren hinein, was die Person oder die Situation braucht, und wir verfolgen den einfachen Weg zur stimmigen Lösung. Wir führen einzelne Sequenzen durch, die eine Thematik von verschiedenen Blickwinkeln aus betrachten lässt. Es ist eine sehr leichtgängige und doch tief wirkende Methode.

Jede Technik hat ihre Berechtigung und ich bin sehr dankbar dafür, viele verschiedene kennengelernt zu haben. Alles hat auch seine Zeit und jede Problematik hat ihren optimalen Lösungsweg. Dennoch haben sie ein gemeinsames Ziel: dem Klienten zu helfen. Was dieser wählt, wird von seinen Möglichkeiten im Umfeld, seinem Kenntnisstand, der Verfügbarkeit oder einer gewissen Vorliebe abhängig sein. Möge jeder Ratsuchende die Methode finden, die ihn zu seinem Ziel bringt. Im Vordergrund steht die Heilung der Seele.

MANTANKA ist die Bezeichnung für eine Fülle an Erfahrungen, die ich zu einer effektiven und faszinierenden Methodik für eine Anwendung in der heutigen Zeit angepasst habe. Aus meiner Erfahrung heraus hilft es einem „Wiedereinsteiger" in diese Thematik, eine klare Struktur in die Hand zu bekommen, mittels derer er vorgehen kann. Mit einiger Übung bleibt es jedem selbst überlassen, diese Vorgabe wieder teilweise zu verlassen oder für sich abzuändern, sodass in letzter Konsequenz ein jeder wieder seine eigene sensitive Ader zum Fließen bringt, in sich spürt und weiter ausbaut.

Grund-Elemente eines MANTANKA-Ablaufs

„Das beste Training liegt noch immer im selbstständigen Machen“
Cyril N. Parkinson

MANTANKA macht sich das wissende, energetische Feld zunutze, wie auch die Fähigkeit des Menschen, dieses wahrzunehmen und sich mit ihm zu verbinden.

Im Grunde genügt es, ganz klar die Absicht zu haben, in die Position von jemandem oder in eine bestimmte Situation hineinzugehen. Verbunden mit verschiedenen Dimensionen des Seins, ausgehend vom Jetzt, nimmt der im Feld Gehende etwas wahr, was er logisch betrachtet nicht wissen kann. Er bekommt Zugang zu verschiedenen Ebenen, empfindet, spürt, hört, sieht, weiß. Dieses Phänomen wird als Empathie bezeichnet, die unvermittelt und direkt auftritt. Von da ausgehend gibt es unterschiedliche Abläufe, die ich Ihnen im Folgenden vorstelle.

Sie können nicht nur sich selbst auf diese Art und Weise authentisch erfahrbar machen, sondern auch andere Personen, Haustiere, Situationen, Hintergründe, Ursachen, Krankheitssymptome, Entscheidungen, Beruf(ung)sthemen, Beziehungen, eigene Anteile, Talente, Währungen, Länder, persönliche sowie kollektive Ereignisse und vieles andere mehr.

DAS FELD, DER RAUM

Für eine MANTANKA-Sequenz holen wir intuitiv Informationen aus dem wissenden Feld.

Eine dafür vorbereitete Umgebung erleichtert das Einstimmen auf diese Art der energetischen Arbeit. In meiner Praxis kennzeichnet ein Teppich dieses Feld. Für Seminare außerhalb habe ich große Decken mit dabei, die dieselbe Funktion erfüllen. Wenn es auch möglich ist, ohne spezielle Vorbereitungen und Utensilien ins intuitive Wissen einzutauchen, erleichtert das Verwenden der hier beschriebenen Materialien den meisten Menschen, sich ganz darauf einzulassen. Ein Teppich oder Decken markieren also den Platz, auf dem wir später gehen. Die übrigen Teilnehmer sitzen rundherum oder an den Seiten abseits des Teppichs. Damit erleichtern wir die Abgrenzung und das Wiederzurückfinden in die eigene Rolle. In der Sequenz selbst geht der Teilnehmer direkt auf dem Teppich. Ist diese zu Ende, bewegt er sich mit einem großen Schritt aus dem Feld, sprich vom Teppich und findet somit wieder rasch zur eigenen Person zurück. Diese Tatsache ist für so manch einen wichtig, der sonst dazu tendiert, sich noch über die Sequenz hinaus zu viele Gedanken darüber zu machen. Durch diese klare Abgrenzung, das bewusste Heraustreten, bleibt er nicht länger als nötig in der zugewiesenen Rolle.

Der Teppich ist eine Fokussierungshilfe für unsere intuitive Arbeit und fungiert als energetischer Schutz für die Teilnehmenden. Abgesehen von dem markierten Feld, das anstelle des Teppichs auch mit vier am Boden, jeweils in den Ecken, aufgelegten Steinen umgrenzt werden kann, ist selbstredend eine ruhige, ungestörte Atmosphäre förderlich.

EINSTIMMEN

Nach der allgemeinen Information über **MANTANKA** und einem Umreißen des Ablaufes folgt die Einstimmung. Da ab diesem Zeitpunkt speziell die rechte, intuitive Gehirnhälfte, das Bauchgefühl, aktiv werden soll, wollen wir gute Bedingungen dafür schaffen. Ruhe und Abbau von Stress sind dabei am wichtigsten. Wir wollen uns etwas vom Alltag lösen und einen Fokus auf das Thema ermöglichen. Atmen Sie dazu einige Male tief ein und aus und stellen Sie sich dabei vor, wie beim Einatmen Ruhe und Zuversicht einströmen, und beim Ausatmen lassen Sie alles, was stört und belastet, los. Nehmen Sie sich ein oder zwei Minuten dafür Zeit. Danach visualisieren Sie, wie Sie strahlend weißes Licht durchströmt. Erneut bei jedem Einatmen Ruhe aufnehmen und beim Ausatmen loslassen.

Wenn Sie das zum ersten Mal versuchen, brauchen Sie vielleicht einige Zeit, um wahrzunehmen, wie sich nach und nach Verspannungen lösen und innere Ruhe einkehrt. Nehmen Sie sich diese Zeit. Wenn Sie schon in Atem- und Meditationstechniken geübt sind, können Sie auch dazu übergehen, Ihre Aufmerksamkeit auf die Stelle zwischen den Augenbrauen zu richten. Durch dieses dritte Auge strömt der Lichtfluss ein, der, unterstützt von Ihrem Atem, Ihren gesamten Körper von Stress-Energie befreit.

Manche Menschen tendieren von ihrem Naturell her dazu, sich durch große Hilfsbereitschaft allzu oft in Angelegenheiten von anderen regelrecht zu verstricken. Wenn Sie zu dieser Gruppe gehören, erden Sie sich bitte gut, indem Sie sich beispielsweise auf Ihre Fußsohlen konzentrieren. Nehmen Sie wahr, wie Ihre Sohlen am Boden stehen. Nehmen Sie Kontakt mit dem Boden darunter auf und visualisieren Sie, wie Sie gut und sicher mit der Erde verbunden sind. Wenn es für Sie stimmig ist, stellen Sie sich Wurzeln vor, die von Ihren Füßen tief in den Boden reichen. Nehmen Sie diese stabile Verbindung wahr und in sich auf und beenden Sie mit einem tiefen Atemzug diese Erdungsübung.

THEMEN-NICHT-VORBESPRECHUNG

Im Gegensatz zu manch anderen Methoden lassen wir uns nur eine sehr kurze Beschreibung der Thematik vom Klienten geben. Wir benötigen keine Vorab-Informationen, wie das bei vielen psychologisch oder systemisch ausgerichteten Techniken der Fall ist. Im Gegenteil, denn es besteht sonst eher die Gefahr, eigene Erfahrungen in das Thema hineinzuprojizieren. Ich hatte glücklicherweise zum Großteil geniale, erfahrene Menschen als Ausbildner, doch habe ich auch schon als Kurs-Teilnehmer miterlebt, dass sich ein Seminarleiter nicht genügend von der Thematik abgrenzen konnte. Er übernahm das Thema des Klienten mit all seinen eigenen persönlichen, meist negativen Erfahrungen und drängte die Schüler durch suggestive Fragestellungen und Behauptungen in eine bestimmte Richtung. Wenn ein Kursleiter nicht neutral bleiben kann, kommt das einem Übergriff gleich, dessen sich der Seminarteilnehmer selten erwehren kann, da ihm in der Situation der Überblick fehlt, ist er doch in Bezug auf sein eigenes Thema befangen.

Da es auch vorkommt, dass bei einer Gruppen-Veranstaltung der Klient die anderen Teilnehmer durch seine, meist dramatischen Erzählungen manchmal auch unbewusst in eine gewisse Richtung beeinflusst, verzichten wir bei **MANTANKA** gezielt auf detailreiche Vorab-Ausführungen. Meist wäre es ohnehin Zeitverschwendung, denn der bewusst an sich arbeitende Ratsuchende hat bereits oft und lange über seine Thematik nachgedacht und auf diese Art keine optimale Lösung gefunden. Wir wollen das nicht wiederholen, sondern legen unseren Fokus ganz klar auf das, was ist. Es ist schließlich eine intuitive Arbeit (rechte Gehirnhälfte) und keine logische, auf frühere Erfahrungen ausgerichtete (linke Gehirnhälfte).

Das, was wirklich im Jetzt wichtig ist, zeigt sich ohnehin gleich bei der ersten Sequenz, sobald wir in der Gegenwart in das Thema hineingehen und hineinspüren. Wir sorgen auf der energetischen Ebene für einen Raum, in dem Veränderungen stattfinden können. Wir schaffen, quantenphysikalisch ausgedrückt, Möglichkeitsfelder. Ausgehend von diesen Transformationen in den MANTANKA-Sequenzen selbst, geht der Klient danach wieder in seine Welt und damit in seine Realität zurück. Da energetisch etwas verändert wurde, ist er offen für Informationen, Menschen, Ereignisse im Umfeld, die er sonst übersehen hätte. Schwingungsmäßig ziehen sich Gleiches und Ähnliches an. Sie ziehen somit Ereignisse und Situationen in Ihr Leben, die Ihrer eigenen Stimmung und Schwingung entsprechen.

Unser Ziel ist es, die Energie-Ebene für positive Auswirkungen mit Ihrer Daseins-Ebene in Kontakt zu bringen. Es ist vorab wichtig, dass der Klient weiß, dass wir mit unserer Arbeit nichts herbeizaubern oder erzwingen können. Unsere Absicht ist es zu sehen, was Sie energetisch blockiert, dies aufzulösen oder umzuformen und danach einen Blick darauf zu werfen, wie es weitergehen könnte, da Ihre Bewusstseinsebene sich durch den Erkenntnis-Prozess verlagert hat.

HINEINGEHEN, HINEINSPÜREN

Die MANTANKA-Leitung legt gemeinsam mit dem Klienten fest, wie die MANTANKA-Sequenz, das Thema, genannt wird. Das ist der eine Teil. Der andere besteht darin, zu vereinbaren, wer hineingeht. Der Klient hat die Wahl, ob er selbst in seine Thematik geht oder ob er die Leitung bittet, dies zu tun. Im Rahmen eines Workshops stehen mehrere Leute zur Verfügung, in diesem Fall kann der Klient auch Anwesende ersuchen, den Part für ihn zu übernehmen. Sobald WAS und WER geklärt sind, können wir beginnen.

Die auserwählte Person geht ganz bewusst mit der Thematik ins wissende Feld. Manche tun dies mit einigen sehr bewussten Schritten, anderen hilft es, sich vor den ersten Bewegungen gut auf ihre Fußsohlen zu konzentrieren und in der Stille (nach Wunsch auch laut) öfter zu wiederholen, in welche Rolle sie gehen. Beispiel: „Ich gehe jetzt als Sabine mit ihrem Anliegen X" oder „Ich gehe jetzt in der Rolle der Firma von Herrn Y ins wissende Feld" usw. Sie können diese Fokussierungshilfe einige Male wiederholen und starten dann mit dem Hineingehen.

Eine Variante stellt das Aufschreiben der Thematik auf einen Zettel dar, der dann gefaltet und gehalten oder in die Hosentasche eingesteckt wird. Die meisten Menschen gehen vorerst einmal im Kreis. Das kann, muss aber nicht sein.

Durch das bewusste Gehen mit einer Absicht haben Sie, wie oben bereits beschrieben, Zugriff zur intuitiven Wahrnehmungsebene.

Manchmal finden Sie sich gleich mitten in Ihrer neuen Funktion, ab und zu ziehen Sie einige Bahnen und spüren, sehen, wissen dann allmählich, was sich auftut. Sie können dabei weitergehen oder auch stehen bleiben, wenn Ihnen dies stimmiger erscheint. Meist ändern sich die Gehgeschwindigkeit und auch die Art und Weise der Bewegung, sobald Sie in Verbindung mit dem morphogenetischen Feld, mit der Rolle sind.

Um klarer zwischen der Rolle, in die man geht, und der eigenen Person unterscheiden zu können, kann es hilfreich sein, für das Gehen in der Sequenz andere Fußbekleidung zu tragen als außerhalb des Feldes. Viele Teilnehmer gehen am liebsten in Socken oder barfuß im Feld und ziehen außerhalb der Sequenz wieder Schuhe an. Andere wiederum nehmen eigene dicke Socken oder ein zweites Paar Hausschuhe mit. Das eine Paar ist für den Aufenthalt am Seminarort bestimmt, das andere wird ausschließlich für das Hineingehen in die Rolle übergezogen. Dies erleichtert den Teilnehmenden die energetische Abgrenzung sowie den Fokus auf das Thema.

GEHEN IN DER STILLE

Das Gehen in der Stille ist eine Form, die zu zweit durchgeführt wird.

In Anlehnung an das bereits zu Beginn beschriebene schamanische Ritual sucht sich der Klient einen Platz im Raum, von wo aus er mit seinem Weg startet. Es ist wichtig, dass er sich auf sein derzeitiges Anliegen fokussiert und ins Jetzt, in die Start-Position, eintaucht. Die MANTANKA-Leitung steht in einiger Entfernung hinter dem Klienten und stimmt sich mit einigen tiefen Atemzügen ein, versucht, Kontakt mit dem Klienten und dem wissenden Feld aufzunehmen. Allmählich, immer auf die eigenen inneren Empfindungen achtend, bewegt sich die Leitung von hinten auf den Klienten zu. Wenn die Leitung den richtigen Abstand erreicht hat, bleibt sie stehen und spürt hinein, geht mental und energetisch ganz in Verbindung mit dem Klienten.

Beim gesamten Stille-MANTANKA wird nicht gesprochen! Wenn der Klient so weit ist, beginnt die Reise auf seinen Weg. Es ist dabei von großer Bedeutung, dass er sich dafür die Zeit nimmt, die er braucht. Der Klient geht seinen Pfad mit seinem Thema im Gepäck. Er hat den Auftrag, so zu gehen wie sonst auch. Die Gangart wird sich ohnehin gemäß der Gefühle im Laufe der Sequenz verändern. Die MANTANKA-Leitung geht Schritt für Schritt hinter dem Klienten und achtet penibel darauf, was der Klient tut, wie er sich bewegt, wohin er seine Blicke richtet, was seine Hände tun und so weiter. Durch das Nachahmen soll es ihr gelingen, die Umwelt so wahrzunehmen, wie der Klient es tut. Dazu übernimmt sie dessen Körperhaltung, seine Geschwindigkeit, sieht dorthin, wo auch der Ratsuchende hinsieht.

Dieser Prozess kann einige Zeit in Anspruch nehmen. Wichtig ist nicht, so schnell wie möglich ans Ziel zu kommen, sondern so authentisch wie möglich.

Das Gehen in der Stille ist für beide Teilnehmer sehr wertvoll und ein großes Geschenk. Abgesehen davon, dass beide in eine meditative, innere Ruhe gelangen, die alle Zellen erneuern und regenerieren lässt und somit das Immunsystem stärkt, gehen beide Schritt für Schritt zum Kern der Dinge.

Wir durchschreiten mehrere Phasen, Emotionen können aufkommen und vergehen wieder. Das ist ebenso ein Kernpunkt dieser Methode. Alles entsteht und vergeht, diesem Grundsatz folgt auch die buddhistische Lehre, um Gleichmut und die Fähigkeit zu erreichen, das Schicksal, das Jetzt ohne Wertung anzunehmen. Die Leitung geht empathisch mit, den Unterschied zwischen mitfühlen und mitleiden erkennend.

Während des Stille-MANTANKA zeigen sich immer wieder neue Facetten, die beide durchschreiten. Nach einer Zeit von zehn bis zwanzig Minuten, fallweise auch länger, gelangt der Klient am Ende seines Weges, am Ziel, an. Wo und wann dieses erreicht ist, bestimmt er alleine und signalisiert dies der Leitung in der Stille. Da beide inzwischen stark miteinander verbunden sind, ist es für gewöhnlich nicht schwierig zu erkennen, wann der Weg tatsächlich zu Ende ist oder ob es sich nur um einen Zwischenstopp handelt. Der Klient spürt am Ziel noch einmal gut hinein, nimmt die Stimmung wahr, ebenso die Leitung. Mit einigen tiefen Atemzügen beenden beide das Stille-MANTANKA und gehen aus dem Feld.

Manchmal benötigt der Klient danach einige Zeit, um sich wieder zu erden, um ganz hier zu sein. Er bestimmt, wann das Nachgespräch beginnt und beschreibt zuerst den Eindruck von seiner Reise. Dies dient zur Sammlung und Bewusstwerdung. Vieles klärt er hier schon selbst. Die MANTANKA-Leitung sollte sich nicht einmischen, sich nicht dazu äußern. Sollten Fragen vom Klienten kommen, geht die Leitung später darauf ein. Wenn der Klient mit seinen Schilderungen fertig ist, erzählt die Leitung das Ganze aus ihrer Sicht, aus der des einfühlenden Begleiters und nicht aus ihrer persönlichen. Anschließend können noch Fragen beantwortet, weitere Sequenzen, vielleicht eine darauffolgende MANTANKA-Sequenz, ein Gehen im Dialog, vereinbart werden.

GEHEN IM DIALOG

MANTANKA im Dialog findet in der praktischen Arbeit öfter Anwendung als das bereits beschriebene Gehen in der Stille und kann von einer einzigen Person durchgeführt werden. Diese startet anfangs mit einem Monolog; das Zwiegespräch entwickelt sich dann mit der Person, die die Sequenz leitet. Oder es gehen zwei Personen, in Ausnahmefällen auch mehrere, in das Feld.

Sobald die MANTANKA-Leitung mit dem Klienten festgelegt hat, wie die Thematik benannt wird, geht eine Person als dieses Thema X hinein. Dieses wird dazu auf einen Zettel geschrieben, den der Teilnehmer in die Hand nimmt oder einsteckt und mit dem er sich ins wissende Feld (auf den Teppich) begibt. Auch hier, wie oben beschrieben, Fokussierung durch atmen, Sohle spüren, Namen der Rolle X wiederholen und so weiter.

Sie gehen los und spüren etwas, das Sie sofort genau beschreiben sollten. Durch das Benennen der Empfindungen entsteht Klarheit. Meist löst sich auch schon durch das Aussprechen energetisch eine Blockade.

Einfach ausgedrückt, Sie sagen frei heraus, was Sache ist. Wenn Sie nicht ganz sicher sind, was Sie wahrnehmen, hilft es Ihnen, es trotzdem zu sagen. Sie hören Ihren Satz oder Ihr Wort und können dann wesentlich besser hineinspüren, ob es stimmig ist oder noch verändert werden soll. Während des Sprechens gehen Sie also weiter Ihre Bahnen, kommen zu einem tiefen Verständnis der Thematik und suchen nach Lösungen. Manchmal ist es Ihnen als X nicht möglich, eine solche zu entdecken, weil Sie sich in der Problematik gefangen fühlen, weil Sie nicht weiter wissen, weil Emotionen hochkommen, weil Ihnen etwas fehlt. Hier ist es Aufgabe der MANTANKA-Leitung, Sie zu fragen, was Sie brauchen könnten. Wenn Sie eine Idee dazu haben, äußern Sie diese. Die Leitung gibt Ihnen das Gewünschte, stellt es ins energetische, morphische Feld und sieht, wie Ihre Reaktion darauf ist.

Praktisches Beispiel:
„Mut"

Angenommen, Sie brauchen in der Sequenz nun die Eigenschaft MUT.

- Die Leitung gibt Ihnen einen roten Umhang für Mut.
- Sie nehmen ihn an und gehen mit dem Umhang, formulieren dabei, ob es einen Unterschied macht und ob Sie sich besser fühlen, wenn Sie nun mit Umhang gehen.
- Auf Ihre Aussagen hin reagiert die Leitung mit weiteren Dingen, die ins Feld gegeben werden.

Sollte die Leitung als X im Feld sein und der Klient von außen zusehen, ist es ebenso wichtig, das Erlebte auszusprechen, damit der Klient ganz klar hört, was vor sich geht, was im Inneren des Darstellers abläuft.

WÖRTER UND SÄTZE INS FELD GEBEN

Während des gesamten MANTANKA-Prozesses kommt eine Sequenz, in der nach Lösungen gesucht wird. Hier kann die MANTANKA-Leitung die Lösung, die sie als stimmig wahrnimmt oder die der Klient selbst äußert, auf einen Zettel schreiben. Kommt das Wort von der Leitung, wird es meist nicht genannt, sondern nur auf dem Zettel notiert. Dieser wird gefaltet und an den Klienten ausgehändigt. Dieser nimmt das Papier an sich, hält es in der Hand oder steckt es in die Hosentasche, geht damit weiter und beschreibt, ob und was sich damit ändert.

Es ist oftmals sehr treffend, wie der Klient das Wort bzw. dessen Wirkung beschreibt, ohne zu wissen, was die Leitung notiert hat. Das überzeugt dann auch so manche Zweifler, dass Intuition, Telepathie und Vision sehr wohl funktionieren. Wenn sich auf den ins Feld gegebenen Zettel hin nichts tut, schreibt die Leitung eine andere Hilfe auf ein anderes Stück Papier, das sie wieder faltet und aushändigt. So gelangen wir Schritt für Schritt zur besten Lösung und manchmal braucht es eben Zeit und Zwischenschritte. Nach Beendigung der gesamten Sequenz sehen wir gemeinsam den Inhalt der Zettel an. Wenn ich als Leitung fungiere, schreibe ich gerne die Aussagen des Klienten als Reaktion auf den Zettel auf, um sie bei der Nachbesprechung dem Klienten zu zeigen.

Praktisches Beispiel:
„Entscheidung zwischen zwei möglichen Wegen“

Die Person im wissenden Feld erhält während der Sequenz Zettel A, auf dem eine Lösungsvariante für das bestehende Thema steht.

- › Sie nimmt das Papier und bleibt augenblicklich stehen, es wird ihr übel und sie kann nicht mehr weitergehen.
- › Danach bekommt sie von der MANTANKA-Leitung den anderen Zettel mit dem zweiten Lösungsansatz als Inhalt.
- › Sie nimmt ihn wiederum und lächelt, empfindet Leichtigkeit und Freude, möchte sich flott bewegen und hüpfen.

In einem solchen Fall zeigt sich sehr klar, welches die richtige Vorgehensweise für den Klienten ist.

- › Der Klient ist nach der MANTANKA-Sequenz verständlicherweise sehr gespannt auf das Lüften des Geheimnisses. Er öffnet den Zettel und sieht nach, was notiert wurde.
- › Das ist auch der Zeitpunkt, wo Sie als Teilnehmer durch die stimmigen Ergebnisse und die aufkommende Begeisterung Ihrer Intuition mehr Glauben und mehr Beachtung schenken.

Ich bin sehr dankbar für die vielen bisher erlebten und bestätigten Aha-Erlebnisse und die Zufriedenheit, die entsteht, sobald diese innere Sicherheit in der Empfindung aufkommt.

Wenn Sie das Gehen im morphogenetischen Feld bereits versucht haben, können Sie das sicher gut nachvollziehen und bestätigen.

DINGE INS FELD GEBEN

Wie bei „Wörter ins Feld geben“ beschrieben, kann man stattdessen auch Dinge in das Feld geben und deren Auswirkung beobachten. Sie können dabei vorab das Ding benennen, zum Beispiel: „Ich gebe dir jetzt diesen Stein, der die Eigenschaft Ausdauer repräsentiert.“ Danach, wie oben dargestellt, entfernen Sie aufgrund der Reaktionen des Klienten dieses Objekt wieder oder geben ein anderes hinzu.

Es ist ebenso möglich, dem Klienten nicht zu sagen, wofür dieser Gegenstand steht. Damit erreichen Sie vollkommene Unvoreingenommenheit, da er nicht weiß, was er da genau erhält, und er muss sich ganz auf das innere Gefühl verlassen. Für manche ist das ein aufregender Versuch. Umso schöner, wenn nach Ende der Sequenz die MANTANKA-Leitung erklärt, wofür die einzelnen Teile gestanden sind, und sich auch hier wieder die Stimmigkeit der Aussagen der Person im morphischen Feld zeigt.

Manchmal kommt es vor, dass die Person im Feld nach einem bestimmten Ding verlangt. Beispielsweise könnte ihr kalt sein und sie fragt nach einer Decke oder einer Weste. Nicht immer sind die Gegenstände vor Ort vorhanden, meist lässt sich aber mit einiger Fantasie Ersatz dafür finden. Im Praxisraum und auch zu den Seminaren auswärts nehme ich stets eine kleine Ausstattung an solchen Behelfen mit. Dafür eignen sich verschiedenfärbige Jongliertücher sehr gut, die günstig in der Anschaffung sind, leicht zu transportieren und die wir einsetzen können, wenn jemand nach bestimmten Farben verlangt. Sie sind ebenso gut zu gebrauchen als Ersatz für Decken oder Umhänge und symbolisieren gleichzeitig Leichtigkeit und etwas Kuscheliges, sofern diese Qualitäten benötigt werden.

Meine Grund-Ausstattung umfasst eine Auswahl an Steinen, die für Stabilität, Erdung, Abgrenzung stehen und die auch schon ihren Einsatz als „schweres Ding", das jemand weggeben wollte, fanden. Energetische Sprays oder Erzengel-Essenzen können ins Feld gegeben werden, wenn jemand die Unterstützung der Engel-Energien benötigt oder damit sich energetisch eine schwierige Situation löst.

Das Fläschchen wird dann ins Feld gegeben, entweder auf den Teppich gestellt oder die Person, die im Feld geht, nimmt es in die Hand, spürt sich hinein und formuliert, ob und was sich dadurch verändert.

Die Schwingung und Bedeutung von Bachblüten oder Schüsslersalzen kann man in Form von Bachblüten-Karten ins Feld geben oder auch als Essenz im Fläschchen, als Salztabletten in der Dose, falls vorhanden. Jede Blüte, jedes Salz hat eine eigene Wirkung, die sich im Feld entfaltet. Dabei macht es keinen Unterschied, ob die Person im Feld weiß, um welche Blüte es sich handelt oder nicht. Sie spürt einfach hinein, ob ihr diese Schwingung in ihrer Situation guttut und hilft oder nicht.

Karten sind ebenfalls sehr gut einsetzbar, seien es Tarot-Karten, Engel-Karten oder sonstige energetisch positiv schwingende Bilder. Hier obliegt es den Vorlieben der MANTANKA-Leitung, welche Utensilien sie hier einsetzt. Gewiss ist der Bezug wichtig, den die Leitung zu den jeweiligen Karten oder homöopathischen Mitteln hat, und so sieht die Grund-Ausstattung jedes MANTANKA-Leiters etwas anders aus. Sollten die mitgeführten Gegenstände nicht entsprechen, hilft man sich einfach, indem man das Wort auf einen Zettel schreibt und diesen ins Feld gibt.

Im Großen und Ganzen kommt man sehr gut mit folgenden Materialien aus: Papier, Stifte, färbige Tücher, Steine, Essenzen, Kartenset, kleine Behältnisse wie Körberl oder Schmuckschatulle.

SEQUENZ WECHSELN

Das Wesen von **MANTANKA** ist es, sich Schritt für Schritt und Ebene für Ebene der Lösung zu nähern. Eine Sequenz zu einer Thematik kann auch nur einige Minuten betragen, und sobald sich nichts Neues mehr auftut, geht der Klient aus der Rolle. Den einen Aspekt des Themas hat man betrachtet, nun folgt der nächste, wir wechseln den Blickwinkel. **MANTANKA**-Leitung und Klient besprechen kurz, was nun an der Reihe ist. So tasten wir uns weiter vor. Vom Bestehenden ausgehend zeigt sich während des bewussten Gehens, was gebraucht wird, welcher Gesichtspunkt in den Mittelpunkt des Interesses dringt und welche neuen Aspekte wir ansehen. **MANTANKA** besteht aus mehreren kurzen Sequenzen, die unmittelbar aufeinanderfolgen, mit Fokus auf das Jetzt.

PERSON WECHSELN

Zu jeder Zeit einer Sequenz können **MANTANKA** Leitung oder auch Klient den Ablauf unterbrechen, um die Rollen zu tauschen. Wenn es für den Klienten stimmig ist, kann er selbst in seine Rolle hineingehen, falls bis dahin eine andere Person oder die Leitung seinen Part übernommen hatte. Oder der Klient, der in seiner eigenen Rolle war, möchte von außen zusehen, um einen guten Überblick aus der Distanz zu bekommen. All diese Möglichkeiten stehen Ihnen offen.

Es kommt in seltenen Fällen vor, dass der Klient plötzlich aus dem vorgegebenen Part in einen anderen wechselt. Dies geschieht von selbst und ist nicht beabsichtigt. Wichtig ist, dass die MANTANKA-Leitung nachfragt, ob der Klient nun in einer anderen Funktion im energetischen Feld ist, wenn es für die Leitung so wirkt. Auch der Klient sollte gleich mitteilen, wenn er den Eindruck hat, plötzlich in der Rolle von jemand oder von etwas anderem zu sein. Der Prozess bekommt dadurch eine neue, unerwartete Wendung. Ein neuer Aspekt, der sich dadurch gezeigt hat, wird nun beleuchtet.

DAS SICHERE ZURÜCKFINDEN ZU SICH SELBST

Wenn alle Sequenzen abgeschlossen sind, ist es von großer Wichtigkeit, dass der Teilnehmer im Feld, sofern es nicht der Klient selbst ist, aus der ihm angedachten Rolle klar heraussteigt. Sie sprechen in diesem Fall Ihren richtigen Namen klar aus: „Ich bin ... (Ihr Name) und bin voll und ganz wieder bei mir angekommen!"

Wenn Sie das Bedürfnis dazu haben, können Sie zur Unterstreichung dieser Tatsache zusätzlich einen großen Schritt machen, so als würden Sie aus etwas heraussteigen oder in etwas anderes hineinsteigen. Manche hüpfen aus dem Feld, drehen sich einige Male oder schütteln ihren Körper. Tun Sie das, was Ihnen zusagt und Ihnen die Sicherheit und das Bewusstsein gibt, die Rolle nun wieder gänzlich verlassen zu haben. Wie bereits beschrieben, wechseln manche Teilnehmer nach Ende der Sequenz ihre Fußbekleidung, was ihnen hilft, zu sich zurückzufinden und die Sequenz klar zu beenden.

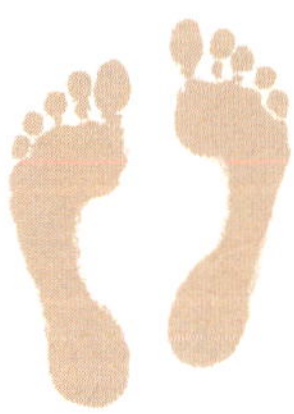

NACHFÜHLEN

Unmittelbar nach den MANTANKA-Sequenzen besprechen MANTANKA-Leitung und Klient die Erkenntnisse. Beide fassen für sich noch einmal kurz zusammen, falls dies gewünscht ist. Waren mehrere Teilnehmer in die Sequenz involviert, hat jeder noch einmal die Möglichkeit, das Wichtigste seiner Rolle auf den Punkt zu bringen. Die Leitung hat dafür zu sorgen, dass niemand seine persönliche Meinung oder grundsätzliche Einstellungen zu einem Thema einbringt, sondern dass es bei der Beschreibung des im Feld Erlebten bleibt. Dieser Punkt ist sehr wichtig, darum halte ich die Nachbesprechungen eher kurz.

Viel wichtiger ist das Nachfühlen. Wir nehmen uns danach Zeit dafür. Die Teilnehmer schließen die Augen, atmen tief und fühlen noch einmal nach. Wichtig dabei ist, nicht über das soeben Erfahrene nachzudenken, sondern einfach in die Essenz hineinzuspüren. Mit bewusstem Atmen gelingt das den meisten sehr leicht.

Der Fokus liegt darauf, den Erfahrungsschatz, die neuen Möglichkeiten, die sich nun aufgetan haben, mit dem Atem in sich selbst aufzunehmen. Meist kommt ein Gefühl der aufrichtigen Dankbarkeit auf, das alle in positive Schwingung bringt. Dankbarkeit ist die Energie des Herzens.

Laut Gregg Braden, spiritueller Geowissenschaftler und Raumfahrtingenieur aus USA, ist die Frequenz des Herzens um ein Vielfaches stärker als unsere Gehirnfrequenz. Damit schalten wir störende, zweifelnde Gedanken weitgehend aus und ziehen mit der Kraft unserer Herzensenergie das in unser Leben, was uns glücklich macht. Wir werden zum Schöpfer, oder besser, kommen wieder in Kontakt mit unserer eigenen Schöpferkraft.

Eine andere Methode, den Abschluss und die Veränderung nach der Sequenz verstärkt erlebbar zu machen, besteht darin, dass der Klient und die MANTANKA-Leitung erneut ins wissende Feld gehen. Dieser Teil wird in Stille durchgeführt. Der Klient geht für sich selbst im jetzigen Moment, die Leitung geht als „das Neue“ hinein. Beide gehen für sich. Wesentlich ist die Annahme der soeben erwirkten Veränderung. Die beiden gehen so lange, bis sie sich annähern und darüber klar sind, in welcher Beziehung sie jetzt zueinanderstehen. Der Klient übernimmt hier wieder die Aufgabe zu bestimmen, wann diese Sequenz zu Ende ist. Das ist dann der Fall, wenn der Klient und „das Neue“ im Einklang sind, das kann sofort sein oder auch ein paar Minuten in Anspruch nehmen. Der Klient taucht in das Gefühl ein, wie es ist, die Veränderung an seiner Seite zu haben. Manche erkennen, dass es vielleicht noch eine Zeit lang dauern wird, das Neue im Leben annehmen oder umsetzen zu können, andere wiederum empfinden große Dankbarkeit und inneren Frieden darüber, dass es so ist, wie es ist.

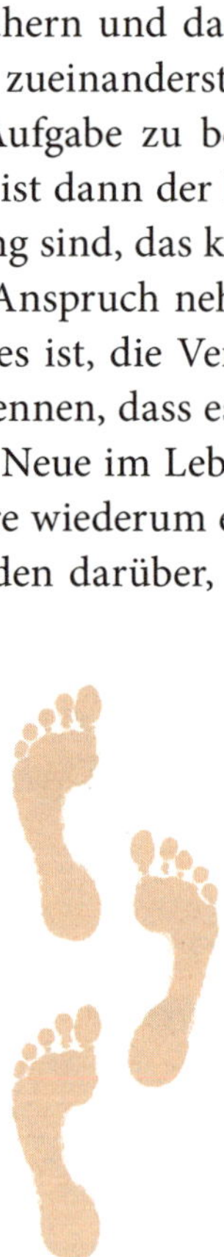

Praxis-Bericht:
„Rückmeldung eines Teilnehmers“

Ein Workshop-Teilnehmer, der bereits an einigen MANTANKA-Sequenzen mitgewirkt hatte, schilderte uns sein Erleben im wissenden Feld: „Es ist sehr schwierig, fast unmöglich, den Zugang beim Hineingehen ins wissende Feld zu beschreiben. Es ist einfach da; unfassbar und dennoch ‚weiß‘ man ‚es‘ als derjenige, der als ein anderer im Feld geht, auch wenn es nicht immer gleich ist.

Ich erlebe es meist als Empfindung. Beispielsweise als kratzenden Hals, Hustenreiz und Geschmack, als ich als jemand gegangen bin, der sehr viel rauchte. Ich hatte eine Wahrnehmung, wie zum Beispiel einen Geruch, ähnlich wie Räucherstäbchenduft, der die Luft zum Atmen wegnahm und alles vernebelte, als ich als jemand gegangen bin, der im Koma lag.

Ich verspürte ein Bedürfnis, mich auf den Boden zu legen, weil es mich hinunterzog, als ich als jemand gegangen bin, der Alkoholiker war und tot sein wollte.

Mir kamen Gedanken, in Verbindung mit dem Gefühl, dass die Hände schwer waren, und mir schoss es sofort in den Sinn, dass es so war, weil ich nichts tun wollte, als ich als jemand gegangen bin, der keine Notwendigkeit sah, für seine Beziehung etwas zu tun.

Oder mich überkam ein Gefühl, wie zum Beispiel Kälte, als ich als jemand gegangen bin, der sich allein gelassen fühlte.“

Heinz Berger

Detaillierter Bericht über einen MANTANKA-Ablauf

Hier ein Beispiel einer MANTANKA-Sequenz, damit Sie sehen, wie einfach eine solche sein kann. Diese Art des Gehens im wissenden Feld könnten Sie auch ohne Begleitung ganz alleine für sich durchführen, sofern Sie zwei oder mehrere klar definierte Entscheidungsmöglichkeiten zur Auswahl haben. Wichtig dabei ist, dass Sie alle Empfindungen laut aussprechen. Dies dient zur klaren Unterscheidung zwischen den einzelnen Varianten, die auf den jeweiligen Zetteln notiert sind.

EINSTIMMUNG

Ich saß mit allen Teilnehmern des MANTANKA-Workshops im Sesselkreis und wir begannen, uns auf die intuitive Arbeit einzustimmen. Mit einigen tiefen Atemzügen wollten wir uns sammeln und auf das Jetzt besinnen. Mit dem Ausatmen ließen wir die Gedanken des Alltags los und beim Einatmen nahmen wir mental Kontakt zum energetischen Feld auf. Wir aktivierten das dritte Auge mit einem Licht-Fokus auf die Zirbeldrüse. Nach einigen Minuten erdeten wir uns, indem wir den Kontakt der Sohlen zum Boden klar wahrnahmen, in sie hineinspürten.

THEMEN-NICHT-VORBESPRECHUNG BZW. NUR KURZE VORAB-INFO

Sonja war soeben dabei, sich neben ihrer hauptberuflichen Tätigkeit mit Energiemassagen selbstständig zu machen. Sie wusste nicht genau, welchen Preis sie pro Einheit verlangen sollte. Sonja wollte, dass eine andere Teilnehmerin für sie ins wissende Feld geht, wählte die für sie passende Person aus und bat sie, sich in die Mitte des Kreises zu stellen. Diese zog sich ihre für MANTANKA mitgebrachten Socken über und ging auf den Teppich.

HINEINGEHEN, HINEINSPÜREN – GEHEN IM DIALOG – ZETTEL INS FELD GEBEN

Ich forderte Sonja auf, drei Zettel zu nehmen. Auf jeden sollte sie einen anderen Preis schreiben, der für sie zur Auswahl stand. Die Teilnehmerin, die in der Mitte des Kreises stand, erdete sich und nahm Kontakt mit dem wissenden Feld auf, indem sie sich auf ihre Fußsohlen fokussierte. Sonja legte die drei gefalteten Zettel auf den Tisch. Die Teilnehmerin begann zu gehen, mit der Frage: „Was soll ich als Sonja pro Einheit verlangen?"

Nach einigen Runden veränderte sich ihre Gehgeschwindigkeit, sie wurde langsamer, ging bedächtiger. Sie meinte, es ginge ihr so weit ganz gut, sie wäre nur ein klein wenig unruhig. Daraufhin steuerte sie gleich auf den Tisch zu, ergriff einen Zettel, drückte ihn an ihren Körper und sagte, dass sich das Ganze warm und angenehm anfühle. Sie hätte zwar kein konkretes Bild dazu, fühle sich aber wohl. Sie ging noch einige Runden mit dem Zettel und spürte noch nach. Da sich nichts änderte oder hinzukam, legte sie den Zettel wieder auf den Tisch und nahm den nächsten.

Die Teilnehmerin hielt den zweiten Zettel in Höhe ihres Solar-Plexus (Magengrube) an ihren Körper und ging damit einige Runden. Sie wurde zunehmend langsamer und ihr Gesichtsausdruck wurde ernster. Damit fühlte sie sich nicht so gut. Sie berichtete uns, dass sie einen kühlen Schauer wahrnahm, und sie bewegte sich eher steif und eckig. Ihr kam das Wort „unrund" in den Sinn.

Nach ein paar Runden stellte sie fest, dass sie keine weitere Information dazubekam, und war überzeugt, dass der erste Zettel wesentlich besser war. Den zweiten Zettel deponierte die Teilnehmerin wieder auf dem Tisch und tauschte ihn gegen den dritten aus. Sie hielt ihn wieder an ihren Körper und ging umher. Sie ließ uns wissen, dass zwar Interesse aufkam, aber sie spürte auch etwas Unsicherheit. Dies spiegelte sich in ihrem Gehen wider. Sie ging nicht, so wie zuvor, im Kreis, sondern ein paar Schritte in die eine, dann wieder in die andere Richtung. Es wurde ihr irgendwie leicht warm, aber auch schaurig, beides eben. Sie konnte diese Empfindungen nicht genau zuordnen und meinte, dafür würde die Umschreibung „vielleicht" passen oder „vielleicht später". Damit war alles gesagt und sie legte auch diesen Zettel wieder zurück. Es war für sie klar, dass der erste Zettel der optimale war.

Ich bedankte mich bei der Teilnehmerin und forderte sie auf, das wissende Feld und das Thema zu verlassen.

SICHERES ZURÜCKFINDEN ZU SICH SELBST

Die Teilnehmerin zog die für **MANTANKA** mitgebrachten Socken wieder aus, stieg mit großem, bewusstem Schritt vom Teppich und somit aus der Rolle und dem Thema heraus. Sie sagte drei Mal: „Ich, Doris, bin voll und ganz wieder bei mir angekommen!", und setzte sich auf ihren Platz.

NACHFÜHLEN

Wir nahmen uns die Zeit, das Erfahrene noch einmal kurz in der Stille nachzuspüren. Dazu schlossen alle Teilnehmer die Augen und ließen das Geschehene in der Stille auf sich wirken.

RÜCKMELDUNG

In dieser Sequenz stellte sich ganz klar heraus, welcher Preis für Sonja der richtige war. Sie fasste für sich zusammen: „Zettel 1 war ok, Zettel 2 war nicht gut, Zettel 3 war vielleicht ok." Wir lüfteten das Geheimnis, indem wir den Inhalt der gefalteten Botschaften sichteten. Sonja war fasziniert, denn es ergab sich so, wie sie es ohnehin im Gespür hatte. Die 30 Euro, die sie auf dem ersten Zettel notiert hatte, waren der richtige Preis für den Beginn ihrer selbstständigen Tätigkeit. Die 50 Euro (Zettel 2) waren für sie derzeit noch gar nicht passend und die 40 Euro (Zettel 3) standen als Möglichkeit im Raum.

Sonja bedankte sich bei der Teilnehmerin und der Gruppe und war sichtlich zufrieden und erleichtert. Die zusehenden Teilnehmer waren erstaunt, wie schnell diese Sequenz klare und nachvollziehbare Ergebnisse gebracht hatte. Doris, die für Sonja im energetischen Feld ging, war von der Klarheit überrascht, mit der sie die Wahrnehmungen empfing: „Ich hatte wie aus dem Nichts eine unumstößliche, innere Gewissheit, dass es so ist, wie es ist. Das habe ich dann einfach ausgesprochen. So unsicher ich manchmal im Leben mit meinen Entscheidungen bin, so 100-prozentig sicher war ich mir in dem Moment, als ich in der Rolle war und in Verbindung mit dem Feld. Ich würde mir sehr wünschen, eine derartige klare Überzeugung ins alltägliche Leben mitnehmen zu können."

ANWENDUNGSGEBIETE – 12 FALLBEISPIELE AUS DER PRAXIS

„Denn du hast die Teile in der Hand,
fehlt leider nur das geistige Band.“
J. W. Goethe

Visions-Suche damals und heute

Wie wir bereits gesehen haben, arbeiten unzählige Methoden mit dem wissenden morphogenetischen Feld. Jede Technik hat andere Schwerpunkte, unterschiedliche einzelne Schritte. Die Urvölker, wie die indigene Bevölkerung Amerikas oder die Aborigines, hatten ein gänzlich anderes Weltbild als der Mensch in der heutigen Zeit. Daher bin ich der Meinung, dass es nicht besonders sinnvoll ist, anzustreben, genau eins zu eins wie diese vorzugehen.

MANTANKA bietet eine Möglichkeit, in Kontakt mit dem morphischen Feld zu treten und die Erkenntnisse daraus für die Problematiken unserer Zeit einzusetzen. Meiner Ansicht nach gibt es nichts grundlegend Neues mehr auf dieser Welt, es geht vielmehr darum, das Alte wieder neu zu entdecken und für die aktuelle Zeit anwendbar zu machen. Wenn man bedenkt, welches Wissen die Hochkulturen vor vielen tausend Jahren hatten, erscheinen einem unsere Kenntnisse eher gering. Beispielsweise ist der Bau der Pyramiden noch nicht geklärt, auch wenn es viele Spekulationen über deren Entstehung gibt. Ebenso gibt uns die Präzision, mit der die monumentale Steinanlage „Stonehenge“ (England) in der Jungsteinzeit errichtet wurde, heute viele Rätsel auf. Der Eingang zu diesem Steinkreis wurde verbreitert, sodass er exakt in der Richtung des Sonnenaufgangs zur Mittsommersonnenwende und der Wintersonnenwende der damaligen Zeit lag. Da stellt sich die Frage, wie die damaligen Menschen solche Wunderwerke vollbringen konnten, die in unserer heutigen Zeit samt moderner technischer Errungenschaften nicht oder nur begrenzt nachzubauen wären.

Davon abgesehen sind Tiere und Pflanzen immer schon Vorbild für technische Erfindungen der Menschen gewesen – dieser Forschungszweig nennt sich heute Bionik, eine Wortverbindung zwischen Biologie und Technik. Leonardo da Vinci (1452–1519) skizzierte den Flügelschlag von Störchen und baute danach Flugapparate, die allerdings nicht funktionierten. Etwa 400 Jahre später griff Karl Wilhelm Otto Lilienthal (1848–1896) diese Idee wieder auf und flog mit seiner Konstruktion immerhin einige hundert Meter. So kommen die Menschen immer wieder auf die Natur, auf die Erkenntnisse und Zugänge von Urvölkern zurück – altes Wissen wird immer wieder neu entdeckt.

Was uns moderne Menschen mit den Ureinwohnern von damals verbindet, ist die Suche nach unserer tatsächlichen Aufgabe im Leben. Diese Visions-Suche war früher durch verschiedene Rituale, Einweihungen und Initiationen Schritt für Schritt möglich. Heute fehlen uns diese, die verschiedenen Lebensphasen von der Kindheit über die Pubertät zum Erwachsenenalter werden kaum beachtet.

In vergangenen Zeiten war der Eintritt in die nächste Entwicklungsstufe durch Zeremonien und zu erfüllende Aufgaben bestimmt. Dadurch geschah die Annahme des Neuen sehr viel bewusster.

Heute wird das oft ins Gegenteil verkehrt, es werden hauptsächlich die Nachteile der jeweiligen Zyklen thematisiert. Pubertät bei den Urvölkern hieß, sich dem Leben zu stellen, ein Mann, eine Frau zu werden, gewisse Aufgaben zu übernehmen, sich den eigenen Status in der Gemeinschaft zu sichern. Unsere Pubertierenden tendieren ins Gegenteil, manchmal sieht es so aus, als hätten Kinder sehr viel mehr Selbstsicherheit als die Jugend. Kein Wunder, es fehlt an Richtlinien, an lebensnaher Begleitung und an Aufgaben, die dem Heranwachsenden entsprechen.

Erwachsene in den besten Jahren sind oftmals frustriert, denn das Älterwerden ist verpönt, der Jugendwahn nimmt vielerorts vernichtende Ausmaße an. Die ältere Generation wird nicht als weise, sondern meist nur noch als greise eingestuft. Wie viel wären die Erfahrungen derer wert, die schon so viele Jahrzehnte in dieser Welt leben, vorausgesetzt, sie wollen dieses Wissen weitergeben? Vieles ist verdreht in unserer Zeit. Jeder kann hier etwas zum Positiven verändern, es geht nur um eine Bewusstwerdung, denen Handlungen in die richtige Richtung folgen.

Kommen wir auf die Visions-Suche zurück, die alle beschäftigt, den modernen Erdenbürger genauso wie die Menschen aus früherer Zeit.

Die Visions-Suche früher galt dem Zweck, die persönliche Aufgabe für die Gemeinschaft zu entdecken, zu erfahren, warum man inkarniert hat, was man zur Gemeinschaft beitragen kann. Heute kommen manche durch Krisen und gewaltige Lebensumstellungen auf dieselben Fragen zurück: „Wo ist meine innere Stärke, meine Kraft? Wo ist meine Schwäche? Wie kann ich das Geschenk des Lebens der Gemeinschaft als Dienst zurückgeben, wo meine Fähigkeiten einbringen?"

Wir fragen uns das alles spätestens in der Lebensmitte, manche schon früher. Damals haben sie gewusst: Wir sind als Gemeinschaft so reich, wie der Ärmste von uns ist, und wir sind so gesund, wie der Kränkste von uns ist. Die Heilung des Einzelnen bedeutete Heilung der Gesellschaft. Viele spirituelle Richtungen von heute verfolgen genau diesen Weg, formulieren ihn ein wenig anders, wie zum Beispiel: Wir kommen von einer Quelle, sind alle miteinander verbunden.

So betrachtet macht es Sinn, an sich selbst zu arbeiten, sich von Blockaden zu lösen, das eigene Leben zu befreien, um in letzter Konsequenz damit allen zu helfen. Die Welt wird als Wesen, der Planet Erde als Wesenheit bezeichnet, von der wir kleine Organismen sind. Oder als Weltenseele, mit der wir als Seelenanteile verbunden sind. Welche Definition einem auch mehr zusagt, unser Leben hängt mit allem zusammen. Das war den Natives in Amerika schon immer bekannt, den Aborigines in Australien selbstverständlich.

Eine schöne Entsprechung dafür, die eigene Aufgabe zu definieren, ist der Brauch bei beiden Urvölkern, den eigenen Namen im Laufe des Lebens verändern zu können, und zwar nach dem, was man für die Gesellschaft leistet. Übersetzt also in der Art „Der so schön singt“ oder „Geschickter Jäger“ oder „Der die Sorgen anderer verbläst“. Immer dann, wenn jemand einen großen Entwicklungsschritt getan, seine Aufgabe in der Schöpfung erkannt hatte, konnte er seinen bisherigen Namen ablegen und den neuen, meist im Rahmen einer Feierlichkeit, bekannt geben. Das gab einem selbst mehr Kraft, größere Selbstverantwortung, Würde und einen Fokus auf die Gegenwart des Individuums. Eine Mini-Variante davon existiert in unserer Kultur, indem wir zumindest die Bedeutung unseres Geburtsnamens nachverfolgen. So könnte man beispielsweise meinen Vornamen Sylvia mit dem lateinischen Wort silva für Wald in Verbindung bringen, „Die Waldbewohnerin“ wird hier in diesbezüglicher Literatur angeführt. Das ist schon stimmig, da ich Bäume und die Natur liebe, doch als Kind nicht immer die Gelegenheit hatte, mitten in der Natur zu sein. Wenn sich diese allerdings bot, kostete ich die Zeit intensiv aus. Seit einigen Jahren wohne ich tatsächlich sehr idyllisch direkt neben dem Wald und fühle mich dort ausgesprochen wohl. Haben Sie die Bedeutung Ihres Namens schon erforscht? Ist dieser stimmig für Sie?

Praktisches Beispiel:
„Ihr ‚vollständiger' Name"

- › Wie würden Sie sich nennen, umschreibend ausgedrückt?
- › Welche Bezeichnung würde Ihrem wirklichen, derzeitigen Wesen entsprechen?
- › Ist ein Name, ein einziges Wort, nicht zu kurz dafür, Ihre wahre Größe zu benennen, Ihre Aufgabe in dieser Welt?

Wir führten in der Gruppe eine MANTANKA-Sequenz zu diesem Thema durch. Dies können Sie auch zu Hause für sich ausprobieren. Jeder Teilnehmer ging mit den oben angeführten Fragen ins wissende Feld. Hier einige Beispiele, welche stimmigen Namens-Kreationen dabei entstanden: „Die abenteuerlustige Plaudertasche", „Der perfekte Technik-Freak", „Der galante Schachspieler", „Die so liebend gerne lacht und Glück verströmt", „Der Tänzer, der träumt und lebt", „Die anmutige Sternenfee", „Die unermüdliche Weltverbesserin"

Vielleicht nehmen Sie sich jetzt kurz Zeit, um Ihren neuen Namen festzulegen, einen, der Sie und Ihre Fähigkeiten, Ihre Einmaligkeit beschreibt und der jetzt Gültigkeit hat. Setzen Sie sich dazu in Bewegung, gehen Sie mit dieser Frage im Raum. Stellen Sie sich vor, Sie würden viele Freunde und Bekannte zu einem großartigen Fest einladen, das Sie für Ihre Neu-Benennung veranstalten. Wie würden Sie dieses ausrichten? Was würde in jedem Fall dabei sein? Wen möchten Sie einladen? Wo würde das Fest stattfinden? Im Freien oder im Haus, Schloss, Stadion? Welche Musik würde es geben? Ein Ritual? Was würden Sie anziehen? Gestalten Sie in Gedanken Ihr persönliches Fest, tauchen Sie mit Ihrem Gefühl ganz ein …

Mein jetzt gültiger, stimmiger Name lautet:

Sobald wir es schaffen, wieder mehr im Einklang mit der Natur und der Umwelt zu sein, kommt Harmonie in unser Leben. Einen Schritt dazu kann MANTANKA einleiten, das Verbinden mit dem Urwissen der Schöpfung für die Bewältigung eigener Thematiken. Die Indianer sagen: „Das Leben bei uns auf der Erde kann nur dann in Harmonie vor sich gehen, wenn wir lernen, nach jedem Schritt auf der Erde auch einen Schritt im Himmel zu tun, und nach jedem Schritt im Himmel folgt auch ein Schritt auf der Erde.“ Nur wenn wir in diesem Gleichklang gehen, wird es uns möglich sein, auf der Erde und mit der Erde zu wachsen.

Die hier angeführten Fallbeispiele zeigen Ihnen MANTANKA-Abläufe zu verschiedensten Themen auf. Sofern die Teilnehmer es wünschten, wurde nur der Vorname angeführt. Es handelt sich hier um Versionen von „Gehen im Dialog“, da das Hineingehen ohne Mitteilungsmöglichkeit, das „Gehen in der Stille“, sich in einem Buch naturgemäß nicht gut veranschaulichen lässt. Einstimmung der Teilnehmer und klares Zurückfinden zu sich selbst wurden selbstverständlich durchgeführt, aber nicht mehr jedes Mal eigens beschrieben.

Fallbeispiel:
„Berufliche Neuorientierung“

Wir führten diese Sequenz in einer Gruppe durch.

VORAB-INFO

Andreas war gerade dabei, die Richtung seiner geplanten beruflichen Selbstständigkeit festzulegen. Er hatte schon einige Ideen, hatte auch schon etwas begonnen, wusste aber noch nicht so recht, wo sein Weg genau hingehen sollte. Mehr verriet er uns nicht. Er wollte, dass jemand aus der Gruppe für ihn in seine derzeitige Situation hineingeht, und suchte einen Teilnehmer dafür aus. Ich legte mit Andreas gemeinsam den Titel dieser MANTANKA-Sequenz fest:

„ANDREAS MIT SEINER BERUFUNG.“

ABLAUF

Der Teilnehmer geht sehr langsam im Kreis. Er lässt uns wissen, dass es ruhig in ihm ist, er sieht nichts Großes vor sich. Dann sagt er, dass er viele Leute rundherum wahrnimmt. Der Klient Andreas darf hier natürlich Fragen an den Teilnehmer stellen. Andreas fragt, ob der Teilnehmer einzelne Leute sieht oder Gruppen.

Dieser meint: *„Es sind Gruppen, viele Menschen eben. Die Leute fragen mich etwas. Dort drüben ist eine Pinnwand, auf der Zeichnungen befestigt sind. Alle Leute schauen aber zu mir und nicht zur Pinnwand. Es herrscht gute Stimmung, wir kommunizieren gut miteinander. Was wir reden, weiß ich aber nicht.“*

Den Teilnehmer verwirrt das etwas, weil er nicht genau weiß, worüber er mit den Leuten redet. Andreas will von ihm wissen, ob er alleine da vorne steht oder ob jemand mit dabei ist. Wir bekommen die Information, dass im Umkreis bzw. hinter ihm schon Leute stehen, die ihn unterstützen, aber es könnte auch sein, dass die einfach nur so da sind, ohne bestimmte Funktion. *„Ich sage ihnen etwas Neues. Sie sind interessiert. Wieso weiß ich nicht, worum es geht? Es ist ein kleinerer Saal."*

Er wird unruhig, weil er meint, er könne den Menschen doch nicht einfach irgendetwas erzählen. Er müsse doch selbst wissen, worum es geht. Der Teilnehmer fühlt sich gestresst. Die Leute überfordern ihn, weil sie ständig etwas von ihm wissen wollen, und er selbst überfordert sich auch, weil er den Anspruch hat, auf alles eine Lösung zu kennen. Ihm fällt ein, dass es eine Art Redestab gäbe, der die Funktion hat, dass derjenige, der ihn in der Hand hält, das Wort hat und die anderen ihm zuhören. Er nimmt einen Stift aus dem Regal, der als Redestab dient, und geht mit diesem weiter im wissenden Feld.

Er geht nun schneller und beschwingter. Ihm wird jetzt klar, dass ihm die Gruppe bisher ohne dieses Hilfsmittel gar nicht richtig zugehört, ihn zu wenig wahrgenommen hatte. Mit dem Redestab ist es besser. Die Unsicherheit wird auch allmählich geringer. Er schaut etwas nachdenklich. Ich frage, was ihn beschäftigt. Er antwortet, dass er darüber nachdenkt, was seine eigentliche Berufung ist und was er den Menschen mitgeben möchte, was er ihnen erzählen soll. Darüber ist er sich nicht im Klaren.

Daraufhin biete ich ihm an, sich etwas auszusuchen, ein Symbol oder Ding, das in diesem Raum ist und das dafür steht, worum es wirklich geht. Der Teilnehmer sieht sich in Ruhe um und äußert den Wunsch, etwas mit Herz zu bekommen.

Dafür kann ich ihm ein Herz aus Gipsstein anbieten und einen Herz-Aufkleber. Ich lege beides auf den Teppich. Der Teilnehmer sieht die beiden Dinge skeptisch an. Den Aufkleber will er auf keinen Fall. Er nimmt das weiße Stein-Herz, geht mit ihm ein paar Runden und meint, dass das ganz gut passt.

Er sagt: *„Jetzt verstehe ich es. Es geht auch wahrscheinlich um Herz-Sachen, die ich den Leuten vermitteln will. Was von Herzen kommt und was auch allen ins Herz hineingeht. Aber dafür brauche ich den Stab nicht mehr."*

Er legt ihn weg und geht ohne Stab, dafür mit dem Stein-Herz weiter. Er macht einen zufriedenen Eindruck. Ich frage, ob ihm noch etwas fehlt, ob er noch etwas braucht. Der Teilnehmer ist sehr glücklich: *„Ich gebe den Menschen etwas, das ihr Herz berührt. Ich habe gerade eine Gruppe vor mir, die fragen mich und ich gebe die Antwort aus meinem Herzen heraus."*

Daraufhin möchte Andreas wissen, ob diese Fragen der Leute in bestimmte Richtungen gehen. Pädagogik oder Ernährung vielleicht? Er fühlt hinein und antwortet: *„Es geht um alles, was mit Grün zu tun hat!"*

Andreas schaut ihn fragend an. Der Teilnehmer führt weiter aus: *„Etwas Grünes, wie Naturschutz, Ernährung, biologisch, Natur."*

Andreas ist sichtlich berührt von dieser Aussage. Als ich den Teilnehmer frage, ob er noch etwas benötigt, verneint dieser und betont: *„Ich sehe ohnehin schon alles in Grün!"* Abschließend will der Klient wissen, ob es noch eine wichtige Information für ihn gäbe. Als der Teilnehmer den Kopf schüttelt, fragt Andreas: *„Ist mein Herz der Schlüssel für alles?" „Ja, das Herz ist wichtig, auch als Symbol, weil das Themen sind, für die mein Herz schlägt!"*, erwidert der Teilnehmer und geht aus dem Feld.

RÜCKMELDUNG NACH DEM NACHFÜHLEN

Nach der **MANTANKA**-Sequenz erzählte uns der Klient Andreas begeistert, dass er in den Bereichen Garten und Ernährung arbeiten wollte – die Farbe Grün war daher genial. Er war zurzeit gerade dabei zu lernen, wie man Kontakt mit Naturwesen aufnehmen kann. Ihm schwebte eine Art Therapie-Garten vor und es war wirklich sein Herzenswunsch, einfach zu erspüren, was wirkt, herauszufinden, was gebraucht wird, was er seinen Kunden anbieten kann. Es beschäftigte ihn schon längere Zeit die Tatsache, dass viele Menschen total ausgebrannt seien. Er hatte bei sich selbst Symptome von Burn-out wahrgenommen und wusste daher, wie es Leuten erging, die davon betroffen waren.

Andreas sah das Wunderbare darin, mit dem Garten und mit seinem neuen Projekt eine Wandlungsmöglichkeit anbieten zu können, um aus Stress auszusteigen, um nicht wie auf einer Schiene dahinzufahren. Er wollte etwas Neues schaffen und hatte immer gehofft, etwas Sinnvolles zu finden. Etwas, womit er sich selbst und anderen weiterhelfen konnte. Das Grün, das Herz, die Kraft der Bäume und Naturwesen, gesunde Ernährung. Andreas schloss mit den Worten: *„Genau sehe ich es noch nicht, wohin es geht, aber ich weiß, ich werde es spüren. Ich kann viele meiner Kenntnisse einbauen in diese kreative Arbeit. Den Garten gibt es schon, das spüre ich und er wird mich bald finden!"*

Zum Ablauf der Sequenz teilte er uns mit, dass es anfangs für ihn etwas eigen war, jemanden zu sehen, der kaum etwas von ihm wusste und sich in seiner Rolle genauso verhielt wie er. Andreas empfand das als große Chance, sich selbst quasi „von außen" beobachten zu können. Sich selbst zu sehen macht einen auf einmal viel objektiver. Ihm wurde schon beim Zusehen bei manchen Dingen klar, warum er sich so verhielt oder bestimmte Gefühle dabei hatte. Er bedankte sich bei der Gruppe und bestätigte uns, dass er sich nun sozusagen selber ein Stück weit besser kennenlernen durfte. Vor allem freue er sich schon darauf, sich mit Mut und Freude in sein neues berufliches Projekt stürzen zu können.

Der Teilnehmer, der mit dem Thema ins wissende Feld gegangen war, schilderte der Gruppe, wie er das Abrufen der Informationen aus dem energetischen Raum empfunden hatte: *„Es war in etwa so, als wenn ich mir aus dem Internet Daten auf meinen privaten PC herunterladen würde. Daten (Infos, Gefühle, Bilder), die vorher nicht existierten, waren auf einmal vorhanden. Weiters kamen auch körperliche Empfindungen dazu. Als ich in der Rolle nicht wusste, worüber ich mit den Zuhörern sprach, war mir plötzlich etwas flau im Magen und ich merkte, wie sich meine Körperhaltung allgemein veränderte. Es war ein Prozess, bei dem ich einfach auf meine innere Stimme hörte, ohne das Ganze mit meinem Verstand rational interpretieren zu wollen.“*

Michael Reisenberger

Viele Teilnehmer aus der Gruppe begeisterte vor allem die Aussage über das Grün und die Stimmigkeit mit dem Garten-Projekt von Andreas, über das er zuvor mit niemandem gesprochen hatte.

Fallbeispiel:
„Die Geliebte“

Diese Sequenz wurde in einer Einzelberatung durchgeführt.

VORAB-INFO

Elsa war in einer für sie unannehmbaren Situation, die so aussah, dass ihr Ehemann Marco bereits seit einem Jahr ein Verhältnis zu einer anderen Frau namens Gerti hatte. Die drei wussten voneinander. Die Klientin Elsa war sich nicht sicher, ob sie von sich aus die Trennung aussprechen sollte, da ihr Partner sich bis dahin nicht für eine der beiden Frauen entscheiden wollte. Sie wünschte sich Klarheit in ihrer Entscheidung, da sie diese Situation außerordentlich belastete. Sie hoffte trotz allem, dass sie und ihr Mann in Zukunft wieder eine intakte Partnerschaft führen könnten, und hielt daher noch an der Beziehung fest.

Bei einer solchen Sequenz, bei der es um drei Involvierte geht, sieht man sich die einzelnen Positionen immer ausgehend von der Klientin aus an. Das heißt, zum einen Elsa mit Marco, zum anderen Elsa mit Gerti. Und schließlich

„DIE BEZIEHUNG ZWISCHEN ELSA UND MARCO“.

Elsa möchte mit ihrer Person beginnen und dann Marco dazunehmen. Wir führten das als sogenannte verdeckte Sequenz durch. Elsa schrieb den Namen ihres Mannes auf einen Zettel und den Namen seiner Geliebten auf einen anderen. Beide faltete sie zusammen, sodass wir nicht wussten, welcher Name auf welchem Zettel stand. Das kann helfen, vollkommen unvoreingenommen in die Sequenz zu gehen.

ABLAUF

Ich gehe als Elsa in das morphogenetische Feld, habe das Gefühl, als würde ich jemandem nachgehen. Der Weg verläuft kreuz und quer, kein klares Ziel verfolgend. Dann nehme ich einen der beiden gefalteten Zettel und dasselbe wiederholt sich. Je länger dieser Zustand andauert, desto übler wird mir. Ich möchte diesem Jemand nachfolgen, es scheint aber so, als würde ich ihn nicht erreichen. Egal, ob ich schnell oder langsam gehe, der Abstand bleibt immer gleich. Ich verspüre Gleichgültigkeit und Spott.

Daraufhin lege ich den Zettel außerhalb des Feldes ab und nehme den anderen Zettel in meine Hand. Jetzt habe ich das Gefühl, es geht jemand hinter mir, mal enger, mal mit größerem Abstand. Ich möchte die Person an mir vorbeilassen, das funktioniert vorerst auch. Nach einer Weile ist diese Person wieder hinter mir, dann erneut daneben. Je länger wir das praktizieren, desto mehr verliert die Person das Interesse an diesem Spiel. Es ist so, als würde sie stehen bleiben, mit einem gelangweilten Blick auf das Ganze blicken und dann kopfschüttelnd den Raum verlassen.

Ich gehe aus dem Feld, da keine weitere Information mehr kommt. Elsa möchte nun wissen, welcher gefaltete Zettel welche Situation ausgelöst hat. Die erste Sequenz, in der Elsa jemanden folgen wollte, war ihr Mann Marco. Die zweite Sequenz, in der jemand sie verfolgte, war die Geliebte des Mannes, Gerti. Elsa empfindet das als stimmig, da ihr Mann scheinbar für beide das Tempo und die Richtung angibt. Die Geliebte ist offensichtlich nicht besonders engagiert. Sie möchte nun wissen, wie sich Elsas Beziehung zu ihrem Mann darstellt. Sie schreibt dazu auf einen Zettel: „Beziehung zwischen Elsa und Marco“, mit dem ich in eine neue Sequenz starte.

Ich nehme wahr, dass meine Ohren etwas betäubt sind. Ich höre nicht besonders gut. Mein Blick fällt immer wieder auf die verschlossene Türe. Das macht mich sehr wütend, ich stampfe in den Boden und bin zugleich sehr traurig. Als die Wut ausgelebt ist, falle ich in mir zusammen. Ich hocke am Boden und bin ziemlich verzweifelt. Elsa schreibt auf einen Zettel: „Was brauchst du?"

Ich nehme den Zettel und fühle mich nicht mehr so sehr als „die Beziehung", sondern eher wie eine einzelne Person, als Elsa. Dann äußere ich den Wunsch nach etwas Kuscheligem. Die Klientin sieht sich im Raum um und gibt mir eine Decke, Polster und Tücher, woraus ich mir eine Art Bett mache und mich hinlege.

Nach einigen Minuten wandelt sich die Traurigkeit zu tiefem Atmen. Ich beruhige mich dadurch.

Mit der Zeit werde ich stiller, friedlicher, will einfach nur in Ruhe schlafen, einige Wochen lang. Damit gehe ich aus dem Feld.

Elsa bestätigt, dass sie sehr erschöpft sei und dass sie diese Situation nicht mehr lange ertragen will und kann. Sie bittet mich darum, noch einmal ins wissende Feld zu gehen, diesmal mit der Frage, was ihr hilft, diese Situation zu beenden, was sie daraufhin auf einen Zettel schreibt.

Es geht nun ausschließlich um Elsa, für die Lösungen gesucht werden sollen. Nach dem Auskosten ihrer Schlafpause möchte sie aufstehen, kann aber nicht. Sie braucht jemanden, der ihr beim Aufrichten behilflich sein könnte. Auf die Frage, ob es etwas sei, das ihr helfen würde, oder eher jemand, stimmt sie der zweiten Variante zu. Sie hat den Eindruck, dass zwei Frauen aus ihrem Freundeskreis das eventuell bewerkstelligen könnten. Elsa schreibt einige Namen von in Frage kommenden Personen auf Zettel und es stellen sich zwei als passend heraus. Mit Hilfe dieser kann ich als Elsa aufstehen und weitergehen, anfangs zwar etwas torkelnd, aber Schritt für Schritt gehe ich dann auch ohne Hilfe weiter.

Die beiden Hilfszettel lege ich wieder zur Seite. Vorsichtig sehe ich mich im Zimmer um. Ich weiß, dass es noch einige Zeit dauern wird, bis ich auch den Mut habe, Dinge in die Hand zu nehmen, die sich im Raum befinden und die meine Aufmerksamkeit erwecken. Mit dieser Information trete ich aus dem wissenden Feld.

Elsa bestätigt, dass sie damit für jetzt zufrieden ist, nun ihre Richtung kennt und sich noch etwas Zeit geben will.

RÜCKMELDUNG NACH DEM NACHFÜHLEN

Die reelle Elsa weinte zwar sehr viel während dieser Sequenz, wurde aber zusehends ruhiger. Nach der Sequenz wollte sie kurz nach draußen an die frische Luft gehen. Nach ihrem kleinen Spaziergang hatte sich ihr Gesicht entspannt. Sie empfand angenehme Müdigkeit und spürte, dass sich bald etwas Wichtiges ereignen würde.

Einige Monate danach meldete sie sich bei mir. Sie erzählte, dass MANTANKA genau das geoffenbart hatte, was sie innerlich schon ahnte, nämlich, dass die Beziehung zu ihrem Mann nur mehr auf Einseitigkeit beruhte und dass ihr eine endgültige Trennung in letzter Konsequenz guttun würde. Sie zog gleich einige Tage nach der Sequenz aus der gemeinsamen Wohnung aus und bei ihrer Freundin ein, deren Name auf dem Zettel aus der Sequenz stand. Nach einigen Wochen versuchte sie es noch einmal mit ihrem Mann und verbrachte zehn für sie unerträgliche Tage in der gemeinsamen Wohnung, um danach endgültig die Scheidung einzureichen und sich eine eigene Bleibe zu suchen.

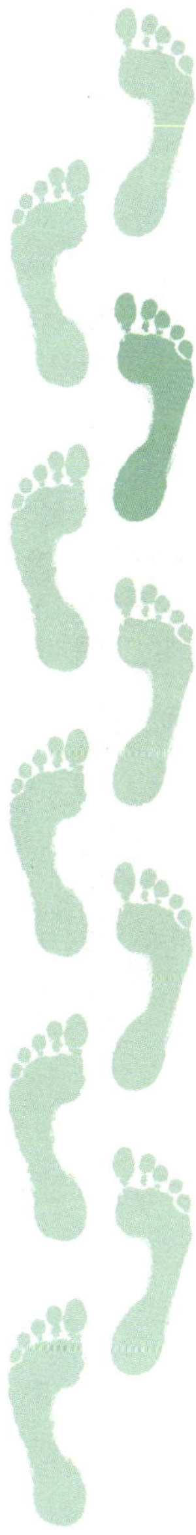

Fallbeispiel:
„Frage an mein Enkelkind“

Wir führten diese Sequenz in einer Gruppe durch.

VORAB-INFO

Herta wollte MANTANKA für ihren Enkelsohn David durchführen lassen. Sie hatte eine wichtige Frage an David, die sie auf einen Zettel schrieb und nur mir zeigte. Herta suchte eine Teilnehmerin aus, die in die Spuren von David gehen sollte, vorerst einmal ohne Frage, um zu sehen, was sich zeigt.

ABLAUF

Die Teilnehmerin geht als David in das wissende Feld. Er ist seiner Aussage nach sehr wackelig auf den Beinen. Mit der Zeit dreht er die Füße beim Gehen nach innen. Die Klientin Herta, die zusieht, schüttelt fassungslos den Kopf, da es genau um dieses Thema geht, was ja sonst niemandem in der Gruppe bekannt ist. David geht weiter und sagt aus, dass der Hals sich dehnt und dass er ein eigenartiges Hören empfindet. Er schaut hinter sich, nimmt seine Schultern wahr und meint: *„Alles ist irgendwie komisch, vielleicht bin auch ich komisch, irgendetwas ist komisch.“*

Er geht eine Zeit lang weiter, bleibt dann stehen und bemerkt, dass sich die Welt um ihn herum trotzdem schnell weiterbewegt. David erkennt, dass die Welt rundherum ohnehin viel zu schnell ist und wenn er jetzt stehen bleibt, dreht sie sich weiter. Er möchte mehr Ruhe, will nicht mehr so mitrennen, hat ganz weiche Knie. Immer wieder schaut er hinter sich. Auf die Frage, was da wäre, antwortet er: *„Nichts Gutes!“*

Das Ding hinter den Schultern kommt ihm vor wie ein Rucksack. Ich frage ihn, ob er diesen ablegen könnte. Er versucht es und es funktioniert. Er legt ihn auf den Boden und geht einige Schritte davon weg. Es fühlt sich insgesamt leichter an. Immer wieder schaut David auf den Rucksack, der am Boden liegt, bekommt Herzklopfen beim Betrachten, möchte aber nicht wissen, was sich darin befindet, und verspürt einen leichten Druck in den Augenhöhlen. Ich frage, ob es helfen würde, eine Decke über den Rucksack zu legen. Er probiert es aus. Ihm wird heiß, er verspürt ein Druckgefühl im Kopf, setzt sich in einiger Entfernung auf den Boden, lehnt sich mit dem Rücken an die Wand. Es fühlt sich für ihn besser an, da er nun mehr Überblick hat. Weiter tut sich nichts mehr.

Ich nehme den Zettel mit der anfangs notierten Frage der Klientin Herta und übergebe das gefaltete Papier an David. Nun empfindet er es leichter, einen Weg zu finden, und hält sogleich Ausschau nach diesem, sein Blick streift aber immer wieder den verdeckten Rucksack.

Daraufhin schreibe ich eine andere Frage auf einen zweiten Zettel und gebe diesen an David weiter. Er sagt, ohne ihn gelesen zu haben: *„Ich weiß nicht, wie man das herausfindet!“*

Zum besseren Verständnis lüfte ich für die Leser nun die verborgenen Sätze, die bis zum Ende der **MANTANKA**-Sequenz keiner der Teilnehmer wusste. Auf dem ersten Zettel steht der Satz: *„Warum gehst du nicht?“* David ist ein zartes, schwaches Kind und kann kaum motiviert werden, selbst Schritte zu gehen. Das war die wichtigste Frage für Davids Großmutter. Auf dem zweiten Zettel steht geschrieben: „Was brauchst du, um zu gehen?“ Hierauf erfolgt die oben stehende Antwort: *„Ich weiß nicht, wie man das herausfindet!“*

David erklärt daraufhin, er wolle ab jetzt nichts mehr vor sich herschieben und möchte den Rucksack und die Zettel alle auflösen. Er drückt beide Zettel an seine Brust und hält inne. Das Papier einfach zerreißen und wegwerfen möchte er nicht, diese Lösung ist ihm zu billig, wie er meint. Er möchte es wirklich lösen oder auflösen. Den einen Zettel steckt er zwischen zwei Bücher, dieser gehöre eingeordnet und alles brauche seine Ordnung. Den anderen Zettel legt er zur Seite. David geht weiter und sagt vor sich hin: „*Was mache ich in meinem Leben? Was macht Sinn?*"

Diese Fragen beschäftigen ihn eine Weile. Ich lege kleine Steine vor ihm auf als Symbol für verschiedene Möglichkeiten. David ist das zu wenig, für ihn ist da nichts Sinnvolles dabei. Er will Größeres und möchte nun die Verantwortung für das eigene Leben in die Hand nehmen. Er ergreift ein großes Kissen und geht damit einige Runden, fühlt sich besser. Nun ist er bereit, einen der Steine zu nehmen, den zitronengelben. Er weiß, er sollte jetzt die Steine irgendwo einräumen, aber er möchte das nicht tun, will das anderen überlassen.

Nun hat David die Motivation, etwas zu tun, ist sich allerdings nicht sicher, ob sich der Aufwand dafür lohnen wird, und zögert deshalb noch etwas. Er möchte ein Ziel finden, sieht sich im Raum um und entdeckt eine Fahne als Wegweiser für sein Ziel. Er nimmt sie in die Hand, geht damit. Es geht sich nun wesentlich leichter. Erneut kommt ein Einwand, denn er möchte nicht ewig gehen müssen bis zum Ziel. David möchte jedenfalls keine Vorgaben von außen, sondern selbst eine Möglichkeit finden.

Nun widmet er sich noch einmal den auf den Boden ausgelegten Steinen und formt damit ein Symbol (Blüte). Er findet danach einen Zielpunkt im Raum, setzt sich hin und möchte noch ein wenig zuwarten. Auf meine Frage, ob er für zuhause als Unterstützung für die Zielfindung etwas von hier mitnehmen möchte, erwidert David, er würde sich die Steine gern eine Weile dafür ausborgen, und beendet damit die Sequenz.

RÜCKMELDUNG NACH DEM NACHFÜHLEN

Herta war beeindruckt von der MANTANKA-Sequenz. Die Art und Weise, wie die Teilnehmerin in der Rolle von David die Schritte setzte, entsprach genau dem, wie David real ging (Füße nach innen gedreht, wackelig usw.). Auch die gelbe Farbe liebt David seit jeher heiß. Dass die Teilnehmerin innerhalb der Sequenz den Zettel in ein Buch steckte, fand sie bemerkenswert, denn der echte David tat das ebenso und schlichtete liebend gerne Bücher.

Herta verriet der Gruppe die Frage, die sie an ihn gerichtet hatte. Sie wollte energetisch abklären, weshalb, abgesehen von der körperlichen Disposition, David so wenig Motivation zum selbstständigen Gehen hatte. Herta hatte nun viele Informationen erhalten und die Teilnehmerin konnte für David einiges im energetischen Feld verändern und lösen. Da die Mutter von David auch sehr offen für energetische Sichtweisen ist, wird Herta ihr davon berichten und sie werden David auf diese Art beim Lösen der Problematik optimal unterstützen.

Die Teilnehmerin, die in Davids Rolle war, berichtet uns, wie ihre Wahrnehmung ablief: *„Ich hatte anfangs ja gar keinen Anhaltspunkt, wusste nicht, um welches Thema es ging. Ich fühlte, empfand und spürte zuerst über die Haut und die Umgebung. Das äußerte sich in heiß, kalt, Gänsehaut, frösteln, in Rückzug, Ängstlichkeit, bereit sein, etwas aktiv angehen wollen, im Fühlen. Ich konnte über meine Empfindung unterschei-*

den, ob das Thema einengend oder befreiend war, mich positiv oder negativ berührte. Über den sechsten Sinn kamen dann die ‚Bilder' und ich sah diese ‚hinter' den Augen. Dabei sah ich mit meinen realen Augen eher nach vorne unten und stellte meinen Blick auf unscharf, vergleichbar wie beim Betrachten von 3-D-Bildern."

Hildegard Parzer

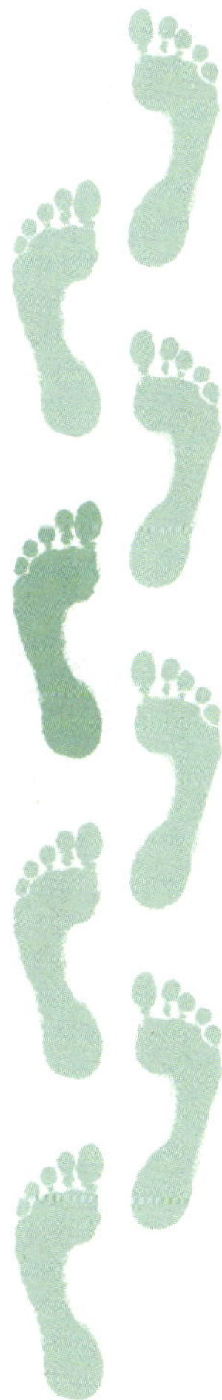

Fallbeispiel:
„Unerfüllter Kinderwunsch“

Diese Sequenz wurde in einer Einzelberatung durchgeführt.

VORAB-INFO

Claudia, 38 Jahre, erfolgreich in leitender Position tätig, hatte seit einigen Monaten einen neuen Partner, mit dem gemeinsam ein Kinderwunsch aufkam. Mit ihrem vorigen Freund war das kein Thema. Claudia wollte mit MANTANKA die Thematik ansehen, da sie trotz großer Freude beim Gedanken an eine Mutterschaft nicht ganz sicher war, ob sie sich für diesen Weg öffnen sollte.

ABLAUF

Die Klientin Claudia hat zuvor bereits einige MANTANKA-Sequenzen zu anderen Themen durchgeführt und bringt daher bereits zwei Zettel von zu Hause mit, auf denen mögliche Geburtstermine des Kindes angeführt sind. Aufgrund ihres großen beruflichen Engagements ist der Zeitpunkt der Mutterschaft ein wichtiges Thema. Claudia bittet mich, für sie in die Sequenz hineinzugehen, mit der Bezeichnung

„CLAUDIA MIT IHREM KINDERWUNSCH“.

Ich gehe ins Feld und bin sogleich hin- und hergerissen, gehe einige Schritte nach vorn, dann wieder zurück, einige nach links, nach rechts, rundherum im Kreis. Das sieht nicht nach einem klaren Kinderwunsch aus. Es ändert sich weiter nichts und ich gehe daher aus der Sequenz heraus.

Sequenzwechsel

Wir besprechen, dass es sich gezeigt hat, dass der Kinderwunsch sehr vage scheint. Die Klientin Claudia möchte daher wissen, was wirklich hinter dem Kinderwunsch steckt. Ich schreibe auf einen Zettel *„Was steckt hinter dem Wunsch nach einem Kind?"*, nehme diesen und gehe wieder in die Rolle von Claudia hinein. Es kommt mir so vor, als wäre ein Bienenschwarm über meinem Kopf. Einige Sätze schießen mir förmlich ein: *„Worum geht es? Ich bin nicht schnell genug! Ich muss mich absichern! Ist es gut für mich? Bin ich wirklich bereit?"*

Die Antwort kommt klar aus mir heraus: *„Ich bin nicht empfangsbereit!"* Mit dieser klaren Erkenntnis gehe ich aus dem Feld.

Personenwechsel

Die Klientin Claudia nimmt es gefasst und möchte nun selbst ins wissende Feld. Sie geht mit klarem Fokus einige Runden und es wird ihr klar, dass es um ihre Existenz geht. Der Klientin Claudia kommen die Tränen. Sie hat panische Angst, dass sie zugrunde geht, dass sie stirbt. Sie spürt großen inneren Widerstand und sagt, dass, wenn sie nicht weiterhin wie immer arbeitet, sie nicht genügend Geld verdient und deshalb untergeht. In der Kinderpause bekommt sie zu wenig Geld, das reicht nicht für das Kind und sie selbst. Dass der Kindesvater einen finanziellen Beitrag leisten könnte, daran denkt sie nicht. Das ist als Möglichkeit zurzeit nicht vorhanden.

Sie wirkt ziemlich panisch, geht schneller und schneller und meint, dass sie aber nicht mehr viel Zeit hätte, um ein Kind zu bekommen aufgrund ihres Alters. Ihr kommt eine mögliche Geldentwertung in den Sinn, die alles noch erschweren würde. Andererseits wäre eine Pause vom Beruf gut, sie ist so überarbeitet. Eine gemeinsame Auszeit mit Kind fühlt sich gut an, wäre da nicht die Bedrohung durch Geldmangel. So geht es eine Zeit lang weiter. Die Klientin Claudia dreht sich im Kreis, die Lösung ist nicht in Sicht.

Ich gebe einen Zettel ins Feld, auf dem das astrologische Symbol für Freiheit und Unabhängigkeit gemalt ist (Planet Uranus), das für Befreiung steht, denn sie steckt ziemlich fest. Die Klientin Claudia wird etwas ruhiger, ist aber sauer, weil alles so schwer geht.

Sie verfällt in Selbstmitleid, weil andere Frauen so leicht schwanger werden, ohne darüber nachzudenken, und für diese alles viel leichter wäre. Sie wird immer panischer und geht immer schneller ihre Runden. Auf dem nächsten Zettel, den ich hineingebe, steht der Begriff „Bachblüten-Notfalltropfen".

Die Klientin Claudia nimmt das Papier an sich und verspürt kurze Zeit später einen Kopfschmerz, aber zur gleichen Zeit große Entspannung. Sie möchte sich hinlegen und tut das auch. Sie wünscht sich Massagen und träumt davon, den ganzen Tag einfach mit Nichtstun zu genießen. Ich gebe ihr das betreffende Bachblüten-Fläschchen in die Hand, daraufhin ruft sie laut aus sich heraus: *„Ich brauche jetzt eine Auszeit!"*

Es ist ein richtiger Aufschrei. Dann betroffene Stille, nichts mehr weiter. Die Klientin Claudia geht aus dem Feld.

Sequenz- und Personenwechsel

Wir haben nun ein neues Thema entdeckt bzw. das, was hinter dem Kinderwunsch steht. Intuitiv schreibe ich das Wort „Lebensplan" auf einen Zettel, nehme ihn und gehe auf Wunsch der Klientin Claudia damit ins wissende Feld.

Ich sage, dass ich mich nun bereit fühle, etwas Größeres zu erreichen. Ich möchte die Welt bewegen, nicht nur Spuren hinterlassen. Ich möchte Berge oder Großes wegschieben, alles, was mir Blick und Weg versperrt. Dann ist alles klar, die Sonne kommt, auch alle anderen haben klare Sicht. Es entsteht nun unbeschreibliche Kraft – ganz ohne „Muss"! Ich gehe befreit und zuversichtlich aus dem Feld.

Personenwechsel

Die Klientin Claudia möchte selbst ins Feld gehen. Sie geht einige Runden und es ist ihr, als läge da ein Buch. Es trägt den Titel „Was ist und was sein wird". Sie ist ruhig, hat keine Gedanken.

Das ist es, was sie mit dem Ausruhen, mit der Auszeit erreichen möchte: die Gedanken anhalten. Sie will spüren, dass manchmal auch nichts ist und dass es ist, wie es ist.

Das ist die Lösung! Sie weiß nun, dass hinter dem Kinderwunsch in Wahrheit eine große Sehnsucht steht, sich endlich einmal auszurasten, einen Gang herunterzuschalten.

RÜCKMELDUNG NACH DEM NACHFÜHLEN

Claudia war nach der Sequenz beeindruckt, wie umfangreich ihr Thema war und wie rasch wir eine Lösung gefunden haben. Diese identifizierte sich zu 100 Prozent mit den Einzelheiten, die durch das Gehen im wissenden Feld ans Licht gekommen waren. Sie spürte innere Gewissheit, dass es genau so war, und erlebte alle Aussagen als stimmig. Das gab ihr Kraft und Mut, schon sehr bald real Schritte in dieser Angelegenheit zu setzen.

Bereits einige Tage später bekam ich die Rückmeldung, dass Claudia weitreichende Erkenntnisse aus MANTANKA erhalten hatte. Es wurde ihr klar, dass sie eine Schwangerschaft und die erste Zeit gemeinsam mit dem Baby mit einem Entschleunigen des Lebens und mit dem Verändern des Bewusstseins in Verbindung brachte.

Das Versorgtwerden, auch in finanzieller Hinsicht durch einen Mann, kannte sie aus ihrem Leben nicht. Sie hatte ihre materielle Sicherheit stets durch ihre eigene Arbeitsleistung sichern müssen, die Eltern waren früh verstorben und sie hatte bisher zwar einige Beziehungen, aber keinen Partner, der sie finanziell unterstützen konnte. Der Wunsch, endlich auch einmal von jemandem versorgt zu werden, fand sich in ihrem Schwangerschafts-Thema wieder. Sie erkannte, dass es nicht um ein Kind ging, sondern um sie selbst, um ihre nicht erfüllten Bedürfnisse, die nun an die Oberfläche kamen.

Sie fasste innerhalb einiger Wochen nach MANTANKA den Entschluss, sich eine berufliche Auszeit zu nehmen. Sie wollte sich in die Hütte ihres Onkels in den Bergen zurückziehen, ganz abgeschieden, um sich über sich selbst klar zu werden. Es hatten sich ohnehin viele Überstunden und unverbrauchter Urlaub angesammelt, die sie dafür einsetzen wollte. Ebenso zog sie ein Jahr Bildungskarenz in Betracht. Sie konnte ihren Arbeitgeber davon überzeugen, ihr diese Pause zu gönnen, um Kraft zu tanken und danach für die Firma wieder voll einsatzfähig zu sein.

Die beste Idee, wie Claudia nach einem halben Jahr berichtete, denn ihr wurde klar, dass sie schon ziemlich knapp am Burnout gewesen war.

Fallbeispiel:
„Künstlicher Tiefschlaf"

Wir führten diese Sequenz in einer Gruppe durch.

VORAB-INFO

Annas Mann Robert lag schon längere Zeit im Krankenhaus. Aufgrund einiger Komplikationen wurde er bereits drei Mal in künstlichen Tiefschlaf versetzt. Sein Zustand war instabil und täglich anders. Anna machte sich große Sorgen und wollte sehen, ob durch **MANTANKA** ein Hinweis zu finden wäre, wie man Robert oder auch ihr weiterhelfen könnte.

Ein Teilnehmer hatte bereits nach den ersten Worten von Anna das Gefühl, dass er die Aufgabe des Hineingehens für Robert übernehmen sollte. Anna war einverstanden.

ABLAUF

Der Teilnehmer geht als Robert hinein und spürt gleich zu Beginn am gesamten Körper ein Gruselgefühl, wie er es nennt. Er hat sehr unterschiedliche Empfindungen, kennt sich nicht aus. Auf die Frage, ob man ihm irgendwie helfen könne, wird er nervös. Beim Gehen fangen seine Hände zu schwitzen an, werden rot. Die Arme hängen dabei ganz schlaff am Körper. Er fühlt sich ruhiggestellt und ist zugleich zittrig und fiebrig. Er braucht dringend Frischluft und natürliche Kälte. Daraufhin öffne ich das Fenster. Es tut ihm gut.

Eine Teilnehmerin aus der Gruppe wird unruhig und hat das dringende Bedürfnis, in die Situation mit hineinzugehen. Sie bezeichnet sich als „Etwas", stellt sich hinter Robert, der inzwischen auf einem Sessel sitzt, weil alles so schwer ist. Die Teilnehmerin als „Etwas" möchte ihn von hinten aufrütteln, klopft mit den Fingern auf seinen Rücken, es scheint, als hätte sie Krallen. Sie wird wütend, weil Robert so apathisch dasitzt. Sie spürt in sich Hitze aufkommen, möchte ihn zum Bewegen und Aufstehen bringen, erträgt die Hitze kaum. Robert hingegen empfindet ihre Anwesenheit als kühlend, es tut ihm gut. Sie ist ratlos, beendet ihre Aktionen und muss darüber nachdenken. Nach einiger Zeit geht die Teilnehmerin aus dem Feld, da sie den Eindruck hat, nichts mehr tun zu können. Sie geht hinaus und stattdessen wird symbolisch ein Kissen hinter Robert deponiert. Ihm geht es nun bedeutend besser, er kann plötzlich tief atmen. Der „Tritt" vom „Etwas" hat geholfen, aber Robert bräuchte noch mehr davon. Eine Art Mauer ist noch um ihn herum. Er möchte einiges aus sich herausgeben, Medikamente zum Beispiel.

Ich reiche ihm einige Steine, die symbolisch für die Dinge stehen, die er entfernen möchte, und ein Glas als Behälter. Robert nimmt beides gerne an und wirft bedächtig Stein für Stein in das Glas, atmet dabei jedes Mal tief ein und aus. Die Mauer wird kleiner. Danach möchte er etwas in sich aufnehmen. Er zählt auf, was er möchte, und nimmt diese Elemente in sich auf, indem er beim Aussprechen gut atmet und das Ganze mit einer aufnehmenden Handbewegung unterstützt: Vitalität, Kraft, Wille, Hoffnung, Leben, Hiersein, Vertrauen. Robert genießt sichtlich diese Veränderung und hat danach wieder Kraft.

Beim Teilnehmer, der für Robert hineingegangen ist, verändert sich die Gesichtsfarbe. War er vorher noch etwas blass und fahl, so sieht seine Haut nun wesentlich frischer und gesünder aus. Einer Teilnehmerin der Gruppe fällt dies sofort auf und sie macht die anderen darauf aufmerksam. Robert erklärt, dass es ihm nun wesentlich besser gehe, aber das linke Ohr wäre noch beeinträchtigt. So ganz kann er die Außenwelt noch nicht hören, aber es wäre soweit okay für ihn, er brauche jetzt noch etwas Ruhe. Er geht mit langsamen Schritten aus dem Feld.

RÜCKMELDUNG NACH DEM NACHFÜHLEN

Der Teilnehmer, der für Robert die Sequenz durchführte, erzählte uns: „*Bevor die Sequenz begonnen hat, habe ich gewusst, dass es sich um einen verletzten Mann handelt, der im Krankenhaus liegt und für den wenig Hoffnung besteht. Ich bin hineingegangen als dieser Mann und mir wurde sehr heiß. Die Füße waren sehr schwer und ich wollte unbedingt sitzen. Als dieser Mann wollte ich einfach nur in Ruhe gelassen werden.*

Der Abschnitt, in dem ich mich von etwas befreien wollte, war extrem wichtig. Gegen Ende der Sequenz spürte ich einen kühlen Wind, der mir als dieser Mann sehr gut getan hat. Ich konnte dadurch einen Hauch Leben spüren.“

Max Humer

Die zweite Teilnehmerin, die als „Etwas“ im Feld gewesen war, schilderte ebenfalls ihren Eindruck der Gruppe: „*Ich begann ganz normal zu gehen, versuchte alle Dinge, die mich ablenken könnten, wegzuschalten, und irgendwie stellte sich mein Körper dann nur noch auf das Gehen ein und alles andere war eigentlich nicht mehr da. Ich bekam ein neues Gefühl und mein Körper sendete verschiedene Signale aus. Bei mir beginnend im Kopfbereich, anfangend mit den Ohren, ein Druck oder Kribbeln, dann weiter im Nackenbereich, wo ich ein fließendes Gefühl empfand, als ob etwas durchgespült würde. Dieses Gefühl zog sich dann in meine Beine und signalisierte mir, wie ich gehen sollte. Ich musste unbedingt meine Finger bewegen, nahm lange Krallen wahr, mit denen ich die andere Person in der Sequenz an- und aufstacheln wollte. Das war am Anfang zwar ein bisschen befremdend, aber ich spürte, dass sich etwas Gutes tat. Ich fühlte mich gut dabei!"*

Maria Meisel

Wir führten im Laufe einiger Wochen insgesamt drei MANTANKA-Sequenzen für Robert durch. Anna war jedes Mal sehr ergriffen darüber, was diese zum Vorschein brachten. Zum einen waren es Details an Ausdruck, Körperhaltung usw., die sie gleich wiedererkannte. Zum anderen konnte sie sich jedes Mal konkrete Tipps mitnehmen, wie sie mit der Situation besser umzugehen vermochte, denn die Ärzte taten ihr Möglichstes, tappten aber zeitweise auch im Dunkeln, was den Verlauf der Erkrankung betraf.

Bei einer der anderen beiden MANTANKA-Abläufe war es beispielsweise Roberts Wunsch, höher zu sitzen. Einige Minuten lang versuchten die Teilnehmer im Feld, seine Lage im Sitzen und Liegen zu stabilisieren. Robert probierte verschiedene Sitz- und Liege-Positionen aus und letztendlich war es sehr wichtig für ihn, dass frische Luft durch das geöffnete Fenster kommen konnte, und vor allem, dass er erhöht lag. Es war ein Kompromiss zwischen flach liegen und aufrecht sitzen. So fühlte er sich am wohlsten und konnte endlich besser durchatmen.

Als Anna am nächsten Tag ins Krankenhaus kam, hatten die Schwestern ihn erstmalig genau so gebettet, wie in der Sequenz gezeigt. Anna war überrascht. Als es ihrem Mann mit der Zeit immer besser ging, beschloss sie, auch für sich selbst eine Sequenz durchführen zu lassen. Gegenstand war, gewisse

Entwicklungen im Leben annehmen zu können, ein Thema, das sie schon ihr gesamtes Leben lang beschäftigt, aber immer wieder verdrängt hatte, und das nun durch diese Situation ganz klar an die Oberfläche trat.

Nicht nur ihr Mann, sondern drei Menschen in ihrem näheren Umfeld waren sehr schwer erkrankt und konfrontierten sie so mit dem Thema „Leben und Tod“. Nun war sie bereit dazu, sich ihren Part anzusehen. Der nächste Bericht handelt davon.

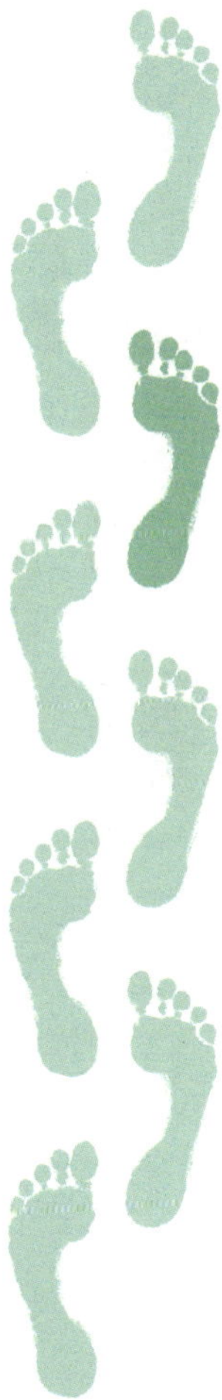

Fallbeispiel:
„Mein Leben?!“

Diese Sequenz wurde in einer Einzelberatung durchgeführt.

VORAB-INFO

Anna ließ, wie oben beschrieben, einige Tage später für sich selbst eine Sequenz durchführen. Stein des Anstoßes waren drei Sequenzen für ihren schwer erkrankten Mann. Sie wollte sich ihre derzeitige Situation ansehen und herausfinden, was ihr helfen könnte, damit besser umzugehen. Sie ersuchte mich, für sie ins morphische Feld einzusteigen.

ABLAUF

Ich gehe für Anna ins Feld hinein und spüre schon sehr bald eine große, schwere Last auf meinen Schultern. Die Klientin ist davon so betroffen, dass sie mir zuruft: *„Er hat ein eigenes Leben!“*

Ich in der Rolle als Anna lächle, bin kurz darauf wütend, lache wieder, spüre mich oder auch nicht. Die Empfindungen wechseln sehr rasch. Ich frage mich: *„Worum geht es eigentlich?“*

Ich weiß es nicht, spüre einen kalten Schauer und entscheide mich dafür, stehen zu bleiben. Das ist besser, es ist ruhiger als das Gehen. Ich will mich nun nicht mehr rühren. Die Klientin Anna schreibt intuitiv auf einen Zettel: „Ich steige ins Leben ein“, faltet ihn und gibt diesen verschlossen an mich als Anna weiter. Ich kenne also den Inhalt und genauen Wortlaut nicht, halte das Papier an meinen Körper und atme nun tiefer.

Die Last auf meinen Schultern wird spürbar leichter. Ich fühle einen tiefen Schmerz in meinem Herzen, weiß aber noch immer nicht, worum es geht. Ich frage mich: *„Habe ich etwas verloren?"*

Weiter tut sich nichts mehr, ich kann mir selbst die Frage nicht beantworten, wiederhole sie noch einige Male. Die Klientin greift die Frage auf und gibt einen weiteren Zettel mit dem Satz: „Was habe ich verloren? Was ist mein Leben?" ins Feld, ohne dass ich das Geschriebene lese. Daraufhin werde ich nervös, gehe im Raum umher, spüre eine Enge im Halsbereich und lege beide Zettel weg. Nun fühle ich mich besser, es ist angenehmer, ich bin fröhlich, bezeichne mich selbst als schizophren, schnalze mit den Fingern. Ich frage, ob ich das immer mache, wenn etwas für mich tragisch ist. Ich fühle mich nun ertappt. Ich bleibe augenblicklich stehen und wirke betroffen. Gleich darauf bewege ich mich wieder, wirke „cool" und gut drauf. Ich sage: *„Meine Güte, ist doch alles halb so wild, es geht weiter, alles geht weiter, was geht weiter?"*

Ich möchte mir meiner Situation bewusst werden, kann aber keinen klaren Gedanken fassen. Als Hilfestellung dafür ersuche ich, mir ein Fläschchen mit einer energetisierten Essenz darin zu reichen, das in der Vitrine steht. Ich nehme es gerne an mich, öffne es, rieche daran. Ich erinnere mich an etwas, spüre einen leichten Druck in Kopf und Ohr. Dieser Druck stört mich beim Erinnern, deshalb möchte sie diesen entfernen. Daraufhin gibt mir die Klientin intuitiv einen großen Rosenquarz, der im Regal liegt, und ich halte ihn mir ans Ohr. Es ist nun besser, der Druck lässt nach. Plötzlich spüre ich, dass es sich an der Stelle meinens Herzens wie tot anfühlt, so als würde dort ein Loch sein. Ich halte den Rosenquarz, das Fläschchen und beide Zettel an mein Herz und überlege, was zu tun ist, fühle mich hilflos. Bald darauf weiß ich, wer oder was mir helfen könnte, traue es sich mir aber nicht zu sagen, rege mich darüber auf, fühle mich dann allmählich stärker. Nach einiger Zeit des Auf- und Abgehens spreche ich das aus, was ich ahne: „Vielleicht liegt es am fehlenden Glauben!"

Ich brauche Mut, gehe weiter herum und suche ein Symbol für Mut, wähle ein Tuch, das ich mir um die Schulter hänge, und sage: *„Ich bin bereit für das Leben! Ich bin bereit für das Leben! Nicht für etwas anderes, aber für das Leben!"*

Das, was ich sage, macht mir etwas Angst, da ich es nicht kenne. Ich atme gut durch, es wird besser und ich sage abschließend: *„Ich bin bereit, nehme es an, bin bereit für das Leben!"*

RÜCKMELDUNG NACH DEM NACHFÜHLEN

Erst nach der MANTANKA-Sequenz wurde der Inhalt der Zettel bekannt gegeben. Wir waren beeindruckt, da der Schlusssatz im wissenden Feld genau dem entsprach, was auf den Zetteln stand. Ein Phänomen, das immer wieder zu beobachten ist.

Anna rief die folgenden Wochen nach dieser Sequenz immer wieder an, um zu berichten, was sich in ihrem Leben tat, es war eine Menge. Sie war wesentlich offener als zuvor, beobachtete sich genau, reflektierte ihr Tun, ging nicht mehr so leicht in Abwehrhaltung, wenn etwas geschah, was nicht ihrer Vorstellung entsprach. Sie konnte in den folgenden Monaten besser mit den schweren Schicksalsschlägen und Krankheiten der Personen in ihrem Umfeld umgehen. Insgesamt wirkte sie trotz der Geschehnisse im Außen selbst lockerer und authentischer, ein schöner Start in ihr neues beziehungsweise in ihr wiedergefundenes Leben.

Fallbeispiel:
„Baby verweigert Nahrung“

Wir führten diese Sequenz in einer Gruppe durch. Dieser Ablauf dauerte ausgesprochen lange, ich gebe ihn hier in gekürzter Form wieder.

VORAB-INFO

Herberts drei Monate alte Tochter Sophia verweigerte seit einiger Zeit sowohl Muttermilch als auch Flascherlkost, trank immer nur einige Schlucke und war nicht zum Weitertrinken zu bewegen. Aus diesem Grund war seine Frau mit dem Baby stationär im Krankenhaus, da es über Infusionen ernährt wurde. Herbert konnte nicht persönlich vorbeikommen, aber er bat unsere Workshop-Gruppe, die Thematik mittels MANTANKA anzusehen und mögliche Hilfen oder Tipps herauszufinden.

ABLAUF

Ich bitte eine Teilnehmerin, als das Baby Sophia in das Feld zu gehen, und gebe ihr einen Zettel mit dem Satz „Was dahintersteckt“ mit auf den Weg, wobei die Teilnehmerin den Wortlaut nicht erfährt. Sie nimmt den Zettel, steht aber nicht auf, sondern bleibt auf dem Sessel sitzen. Sie hat Herzrasen, ihr ist kalt, sie möchte weinen, tut es aber nicht. Dann steht sie doch auf und geht, sie wird nervös und sagt: „So sieht mich keiner!“

SOPHIA VERSTECKT SICH OFFENSICHTLICH.

Ich lege zwei Zettel ins Feld. Sophia entscheidet sich für einen davon, der andere ist nicht wichtig, meint sie. Ich will dadurch herausfinden, ob ich nun Sophias Mutter oder ihren Vater ins Feld schicken soll – die Entscheidung fällt auf den Vater. Ein Teilnehmer geht für den Vater hinein, beide lächeln sich an, umarmen einander, genießen es, freuen sich. Sophia ruft aus: „*Mama!*"

Als sie das sagt, verändert sich ihr Ausdruck im Gesicht, sie wird unsicher. Da der Vater im Feld ist und Sophia ihn als Mutter wahrnimmt, ist hier etwas verdreht. Ich bitte daher eine Teilnehmerin, für die Mutter des Kindes ins Feld. Diese ist ihrer Aussage nach sehr unbeholfen. Sie hat den Eindruck, sie solle wohl zuständig sein, fühle sich aber nicht zuständig.

Ich schicke Vater und Kind aus der Rolle, um die Thematik der Mutter anzusehen, von der offensichtlich diese Verwirrung und Verwechslung ausgeht. Die Sequenz hat gezeigt, dass dieses Thema im Jetzt die größte Wichtigkeit hat.

Sequenzwechsel

Die Kindesmutter geht in sehr langsamem Tempo im Feld, sie ist traurig und sagt, dass etwas nicht richtig läuft, sie weiß aber nicht, was da nicht stimmt. Sie braucht Unterstützung. Dieser Prozess dauert nun einige Zeit, verschiedene Dinge und Eigenschaften werden ins Feld gegeben, um zu sehen, ob sie hilfreich sind. Danach geht es ihr etwas besser. Mehr ist nicht zu erreichen. Die Mutter verbleibt langsam gehend im Feld.

Sequenzwechsel

Ich lege einen Zettel in die Mitte des Bodens mit der Aufschrift: „Das, was verkehrt ist." Der Vater und das Kind gehen wieder ins Feld, sie gehen gemeinsam nebeneinander her. Die Mutter bleibt etwas abseits stehen. Der Vater ist wütend auf sie, weil die Mutter einfach nicht zu verstehen scheint, dass Sophia ihr Kind ist. Sophia kann nichts verändern. Zwei Teilnehmerinnen haben nun das Bedürfnis, ins Feld zu gehen, um die Mutter zu stabilisieren. Sie stellen sich links und rechts von ihr auf und halten sie.

Die Mutter fühlt diese Begrenzung und spürt sich nach ihrer Aussage erstmalig endlich selbst. Dadurch nimmt sie wahr, wie Energien in ihr zu fließen beginnen. Sie ruft aus: „*Wow!*“, und fragt dann spontan das Kind, ob sie ein Mädchen sei. Sophia ist überrascht und berührt. Nach einiger Zeit gehen alle drei im Raum und halten einander an den Händen – Vater, Mutter und Kind – und genießen es. Die Mutter sagt daraufhin: „*Es hat mit dem Leben an sich zu tun!*“

Das wiederholt sie einige Male. Sie möchte nun ihren Weg gehen, am liebsten hinaus an die frische Luft, in die Natur. Ich lasse sie ins Freie hinausgehen. Inzwischen hat Sophia erkannt, wer ihre Mutter ist und wer der Vater. Die Verwirrung hat sich aufgelöst, dem Kind Sophia geht es gut. Sie atmet durch, lächelt und geht erleichtert aus dem Feld.

RÜCKMELDUNG NACH DEM NACHFÜHLEN

Herbert schickte mir drei Tage später folgende E-Mail: „*Zur kleinen Sophia: Sie trinkt seit zwei Tagen wieder ausreichend (nach mehr als einem Monat Verweigerung!) und ist sehr vergnügt! Schon am Tag nach eurem Workshop hat die Veränderung ihren Lauf genommen. Vielen herzlichen Dank für deine kompetente und intuitive Führung durch diese Geschichte und danke auch an alle anderen Beteiligten für alles! Ich werde dich auf dem Laufenden halten.*“

Es ist auch meine Erfahrung, dass bei Kindern die Informationen wesentlich rascher durch das morphische Feld gelangen als bei Erwachsenen. Die Mutter von Sophia ließ sich den gesamten Ablauf einige Zeit später von mir berichten. Sie wirkte tatsächlich von jeher eher wie ein Mädchen und nicht so sehr wie eine erwachsene Frau.

Diese Thematik war ihr bewusst, sie hatte insgeheim gehofft, dass sich durch ihre Mutterschaft hier etwas ändern würde, was es aber nicht tat und sie deshalb traurig stimmte. Sie beschloss, Beratungsstunden in Anspruch zu nehmen, um ihr Frausein und „das Leben an sich" endlich voll und ganz integrieren zu können.

Die Teilnehmerin, die für die Kindesmutter in dieser Sequenz im Feld war, teilte danach der Gruppe ihre Erfahrungen mit: *„Ich stieg hinein und war die Person. Ich versuchte, mich dem Feld als Hilfe zur Verfügung zu stellen und mein Ego draußen zu lassen. Spürbar war es für mich meistens durch Emotionen und Körpergefühle, Leichtigkeit, Traurigkeit, Schwere, ... Ich weiß nicht genau, was oder wie es funktionierte, es passierte mit mir und ich versuchte, den Impulsen zu folgen. Ich ließ mich ein. Mir bereitete es sehr viel Freude, anfangs nicht zu wissen, wer oder was ich war, weil die Eigeninterpretation wegfiel.*

Schade, dass die Kindesmutter die Sequenz nicht selbst beobachten konnte, denn ich weiß von mir, dass, wenn jemand für mein Anliegen im wissenden Feld geht, es ein eigenartiges Gefühl, aber sehr wertvoll ist, sich selbst zu sehen. So als würde man als Außenstehender sich selbst beobachten. Für mich war es oftmals sehr lustig, traurig, manchmal auch schockierend zu sehen, wie ich in Bezug auf bestimmte Themen wirklich bin. Ich sah die Wahrheit und das kann sehr hilfreich sein, um Verborgenes oder eigene blinde Flecken zu erkennen. Ich wünsche Sophias Mutter alles Gute dafür!"

Bettina Schlag

Eine andere Teilnehmerin formulierte ihre Erlebnisse so: „*Der Teppich war für mich das ‚Spielfeld', auf dem die Sequenz ‚gespielt' wurde. Ich betrat den Teppich bewusst und mit dem ersten Schritt sagte ich einige Male zu mir: ‚Ich bin in der Rolle von dem, was auf dem Zettel steht.'*

Dann war es, als würde ich in meinem ganzen Körper Licht einschalten. Auf die Körperstelle, an der sich etwas änderte, lenkte ich mein Bewusstsein. Ich spürte, dass meine Beine schwer wurden, dass der Magen sich zusammenzog. Ich bekam Wut, wurde traurig, spürte, dass eine andere Person mir Unterstützung gab.

Sobald ich in der Rolle und in dem wissenden Feld war, hörte ich immer wieder, was sich rundherum tat. Dabei war es so, als würden meine Ohren ganz groß sein und mein Herzbereich schien sich zu weiten. Zum Abschluss ging ich ganz bewusst vom Teppich, drehte mich zusätzlich aus der Rolle heraus. Das war wichtig für mich, damit ich wieder in meiner wirklichen Welt ankam."

Gertrude Rath

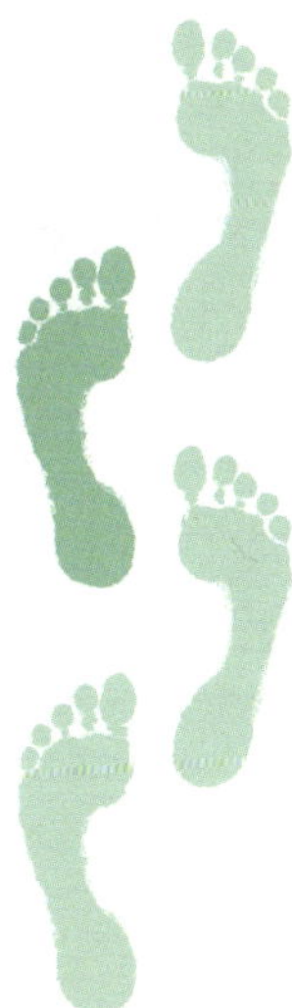

Fallbeispiel:
„Geschäft ankurbeln“

Wir führten diese Sequenz in einer Einzelberatung via Skype mit Videoübertragung durch.

VORAB-INFO

Hermann, 47 Jahre, seit vielen Jahren Inhaber einer kleinen Firma und selbstständig im Coaching-Bereich tätig, ist derzeit unzufrieden mit seinen Einkünften. Das Geschäft ist insgesamt rückläufig, auch bei Kollegen. Durch neue Ideen möchte er wieder frischen Schwung hineinbringen und eine zusätzliche Zielgruppe ansprechen. Er ist sich nicht sicher, ob und in welcher Form er das bewerkstelligen soll. Sein Ziel ist, selbst wieder mehr Freude mit seiner Tätigkeit zu haben und sein Geschäft wieder gewinnbringend zu führen.

ABLAUF

Ich gehe als Hermann ins Feld, vorerst einmal ohne Thema, um zu klären, was in der aktuellen Situation für ihn selbst wichtig ist.

Dabei erscheint mir der Raum zu dunkel, weshalb ich das Licht einschalte. Das ist wesentlich besser. Ich gehe einige Runden mit verschränkten Armen, den Blick zu Boden gerichtet. Die Dinge rundherum nehme ich wahr, dabei fällt mir eine gewisse Leere auf. Es stehen drei leere Sessel herum, auf dem Tisch liegt ebenfalls nichts. Die Glasvitrine ist zwar befüllt, aber sie ist geschlossen. Es sieht sehr schön aus, auch einladend und doch ist da niemand. Mit diesen Informationen verlasse ich das wissende Feld.

Hermann bestätigt, dass er das genauso erlebt. Er hat den Eindruck, dass er für seine Kunden alles gut vorbereitet hat, alles in Ordnung ist, und doch kommt keiner. Natürlich sprechen Leute auf sein Angebot an, aber in der Relation zu dem, was er vorbereitet hat, sind es verschwindend wenige.

Das möchte er ändern und auch herausfinden, woran es liegt, dass so wenig Resonanz vorhanden ist. Einen Hinweis hat er schon erhalten mit der geschlossenen Vitrine. Das nimmt er sich als Hinweis mit, dass seine Produkte zwar ersichtlich sind, aber hinter einer Glastüre aufbewahrt werden. Er schreibt daraufhin einen Zettel mit der Frage: „Wie kommen mehr Kunden zu meinen Angeboten?" Mit dieser Fragestellung gehe ich erneut als Hermann in das morphische Feld.

Da sich kaum eine Änderung auftut, schreibt er einen neuen Zettel: „Wie erreiche ich mit meinen Angeboten möglichst viele zahlende und zufriedene Kunden?" und reicht mir diesen. Ich gehe sofort zur Vitrine und öffne die Glastüre. Es ist mir dabei wichtig, sie ganz weit zu öffnen. Ich atme durch, es fühlt sich gut an. Ich wundere mich darüber, wozu ich bisher diese Glastüre gebraucht hatte. Es sieht doch so viel besser aus, viel klarer und offener. Ich bekomme dadurch selbst Lust, die Dinge aus der Vitrine zu nehmen, anzugreifen, anzuschauen, sie mitzunehmen. Dadurch überträgt sich meine Energie auf diese Dinge, was ich als stimmig empfinde. Die Sessel sind immer noch leer. Ich drehe sie etwas, stelle sie um. Dann lege ich einige Dinge aus der Vitrine auf den Glastisch zwischen den Sesseln. Der Tisch ist nun fast etwas überfüllt, aber es fühlt sich gut an. Ich nehme wahr, dass dadurch nun Interesse geweckt wurde. Ich steige aus dem Feld.

Mein Klient nickt wohlwollend. Er spürt eine Veränderung und fragt nun, ob das alles sei. Das wirkt zu einfach auf ihn.

Zudem fragt er sich, wie er diese bildhaften Beschreibungen in der Praxis umsetzen kann. Hermann überlegt, wie er seine Produkte sichtbarer machen könnte.

Dazu fallen ihm einige Werbemaßnahmen ein, die er nun mittels Mantanka auf ihre Wirksamkeit überprüfen möchte. Er schreibt folgende Begriffe auf jeweils eigene Zettel, faltet und mischt sie durcheinander.

Ich ersuche ihn, auch die Umschreibung „etwas anderes" auf einen weiteren Zettel zu schreiben für all das, was in den anderen Vorschlägen nicht enthalten ist. Ich gehe mit seinem Namenszettel und dem Zielzettel von vorhin wieder ins Feld. Nach kurzer Zeit nehme ich jeweils einen gefalteten Zettel nach dem anderen und so finden wir heraus, was die einzelne Information mit Hermann und seinem Ziel macht.

Zettel 1:
Ich atme durch, es fühlt sich gut an, lege den Zettel auf den Glastisch zu den Dingen aus der Vitrine.

Zettel 2:
Die Bilder im Raum fallen mir nun besonders auf, die Formen und Farben. Da möchte ich mich selbst mehr beteiligen. Die Farben tun mir gut.

Zettel 3:
Nun blicke ich auf einen Polster, der auf einem Sessel liegt. Darauf ist ein kleiner Hund mit Sonnenbrille abgebildet, der entspannt auf der Wiese liegt und sich an einen Stein lehnt. Ich nehme den Polster in die Hand, betrachte ihn genauer und entdecke, dass ein kleiner gelber Vogel danebensteht, sein Gesicht abgewandt. Ich würde ihn gerne auf der anderen Seite des Hundes platzieren, sodass beide sich ansehen können. Das

stelle ich mir nun vor. Daraufhin würde der Hund seine Sonnenbrille abnehmen und lächeln.

Zettel 4:
Ich gähne, gehe langsamer und habe Durst, es ist Zeit für eine Pause.

Zettel 5:
Ich gehe bedächtiger, mit etwas erhobenem Kopf. Es fällt mir alles auf, was in die Weite zeigt. Den Raum würde ich nun gerne größer machen, dehnen. Das führe ich daraufhin mental durch und stelle mir vor, wie sich eine Seite des Raumes öffnet, sodass nur mehr drei Wände anstelle von vier Begrenzungen vorhanden sind.

Zettel 6:
Mir fällt schwarze Farbe auf, die ich gerne in Weiß umfärben würde.

Zettel 7:
Mein Blick fällt auf den Globus, der auf der Vitrine steht. Bei näherer Betrachtung sehe ich Australien und meine, dass das schon ziemlich weit weg ist. Ich frage mich, wie ich die Leute erreichen soll. Da müsste ich auch die Sprache ändern. Bin etwas skeptisch und gehe weiter. Die Idee möchte ich im Hinterkopf behalten, eventuell für später.

Zettel 8:
Brauche ich gerade nicht, ich habe ohnehin schon so viel in Planung.

RÜCKMELDUNG NACH DEM NACHFÜHLEN

Hermann ist schon sehr gespannt zu erfahren, welche Information welcher Aussage zuzuordnen ist. Er nimmt seine Stichwortliste zur Hand, die er sich zu jeder meiner Aussagen gemacht hat, liest den Text vor, öffnet danach den jeweiligen Zettel und äußert seine Interpretationen und Gedanken dazu.

Zettel 1:

Aussagen: durchatmen, gut, gehört zu vorhandenen Dingen
Inhalt: mich mehr spezialisieren
Hermanns Gedanken dazu: *„Passt gut für mich. Ich deute das so, dass ich nichts grundlegend Neues hinzunehmen muss, sondern mich bezüglich der Dinge, die ich bereits in meinem Angebot habe, spezialisieren soll. Ich habe dazu auch schon eine Idee.“*

Zettel 2:

Aussagen: mich selbst mehr beteiligen, Farbe für mich
Inhalt: eine weitere Zielgruppe ansteuern
Hermanns Gedanken dazu: *„Ich sollte meinen Fokus nicht auf neue Zielgruppen richten und auf das Leben anderer, sondern auf das, was mein Leben bunter macht.“*

Zettel 3:

Aussagen: Positionen verändern, damit man sich in die Augen sehen kann
Inhalt: Info-Veranstaltungen oder Produkt-Vorstellungen forcieren
Hermanns Gedanken dazu: *„Diesbezüglich sollte ich wieder aktiver werden, Augenhöhe und gemeinsame Blickrichtung sind wichtig.“*

Zettel 4:

Aussagen: Pause machen
Inhalt: etwas anderes
Hermanns Gedanken dazu: *„Etwas anderes brauche ich mir nicht überlegen, das bringt nichts. Besser zwischendurch immer wieder mal Pause machen."*

Zettel 5:

Aussagen: Weite schaffen, Begrenzungen aufheben
Inhalt: mehr über meine Angebote sprechen
Hermanns Gedanken dazu: *„Ich sollte meinen Aktionsradius vergrößern, vielleicht auch mit Leuten über meine Angebote sprechen, die ich sonst nicht darüber informieren würde. Ich sollte mein Angebot vielleicht auch aus anderem Blickwinkel betrachten, in größerem Zusammenhängen sehen."*

Zettel 6:

Aussagen: Von schwarz auf weiß wechseln
Inhalt: Werbung auf Social Media forcieren
Hermanns Gedanken dazu: *„Ein klarer Hinweis für mich, mein Schwarz-Weiß-Denken zu überwinden. Ich sehe derzeit mehr Negatives als Positives, wenn ich an diese Art der Werbung denke, da ich mehr der Praktiker bin und weniger derjenige, der viel Zeit vor dem Computer verbringt."*

Zettel 7:

Aussagen: Weitere Länder und Sprachen später hinzuholen
Inhalt: mich mental stärken
Hermanns Gedanken dazu: *„Das ist zur Zeit nicht so wichtig, aber ich werde mir die Idee für später vormerken."*

Zettel 8:

Aussagen: brauche ich derzeit nicht

Inhalt: einen weiteren Katalog herausbringen
Hermanns Gedanken dazu: *„Das ist zur Zielerreichung nicht nötig."*

Mein Klient nimmt sich die vielen Informationen mit. Einige klare Handlungsanweisungen möchte er in den nächsten Tagen gleich umsetzen. Andere dürfen noch etwas nachwirken, um dann in Angriff genommen zu werden. Er ist erleichtert, dass es Möglichkeiten gibt, sein Ziel zu erreichen.

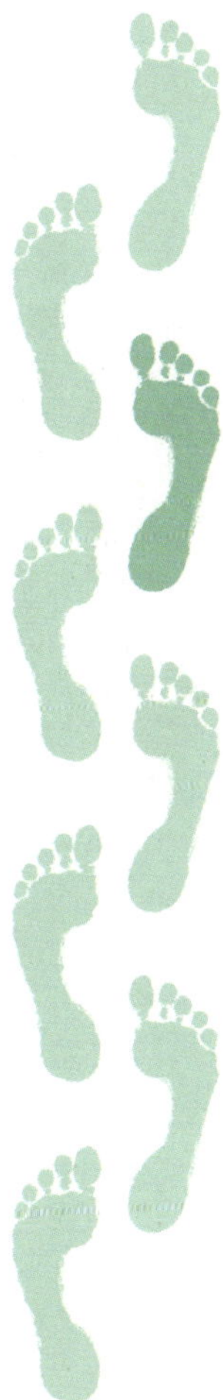

Fallbeispiel:
„Die Entscheidung“

Diese Sequenz wurde in einer Einzelberatung durchgeführt.

VORAB-INFO

Maria hatte eine Entscheidung zu treffen und diese beabsichtigte sie sich mittels **MANTANKA** genauer anzusehen, mehr wollte sie dazu nicht sagen. Sie betitelte die Sequenz mit:

„DIE ENTSCHEIDUNG“.

ABLAUF

Ich gehe mit dem Zettel „Die Entscheidung“ ins wissende Feld und finde mich bald darin zurecht. Ich berichte, dass mir als Maria nicht alle Möglichkeiten offenstehen. Ich fühle mich an meinem Platz eingeschränkt. Meine Stimme ist leicht zittrig, der Kopf fühlt sich voll an. Es ist Druck im Schulterbereich spürbar. Diesen Ballast streife ich nun ab, da ich beschlossen habe, nicht mehr so viel Last zu tragen.

Maria findet sich in dieser Beschreibung ganz klar wieder und schreibt etwas auf einen Zettel, den sie gefaltet an mich weitergibt. Ich reagiere darauf mit einer Tendenz zum „Luftig-Leichten“. Ich fühle mich locker, habe allerdings wenig Erdung. Für den Kopf spürt sich das nicht so gut an. Meine Hände schwitzen etwas, ich sehe nichts Konkretes.

Daraufhin gibt mir Maria einen weiteren Zettel. Ich spüre eine Energieveränderung im Rumpfbereich und meine, Zettel Nr. 2 hätte sich besser angefühlt als dieser Zettel. Sie ist nun sehr verwurzelt, allerdings fast zu stark.

Zettel Nr. 3 fühlt sich schwer an.

Maria bringt einen vierten Zettel ein, woraufhin bei mir die Arme weit werden. Ich strecke diese seitlich aus, mit den Handflächen nach oben. Ich habe das Gefühl, als stünde ein Schutzengel hinter mir. Ich nehme nun andere Menschen wahr. Diese sind eher grau, manche in Trauer, aber es gibt auch einige lichte Stellen. Für Maria ist die Sequenz abgeschlossen, sie hat alle Informationen, die sie haben wollte.

RÜCKMELDUNG NACH DEM NACHFÜHLEN

Danach erzählte mir Maria die Details um ihre Situation. Sie hatte sich entschieden, ihre langjährige Anstellung im medizinischen Bereich zu kündigen. Sie wollte sich mehr ihrem Privatleben und ihrer spirituellen Entwicklung widmen. Die Kündigung war zwar grundsätzlich ausgesprochen, doch waren noch keine genauen Termine und Abmachungen mit dem Dienstgeber getroffen worden, da dieser nicht gerade begeistert war.

Auf Zettel Nr. 2 stand: „Entscheidung im August". Dieser Termin war schon in einem Monat. Darauf reagierte die Teilnehmerin im Feld mit Leichtigkeit, allerdings auch mit wenig Erdung.

Auf Zettel Nr. 3: „Dienstgeber" nahm sie eine zu starke Verbundenheit zu diesem wahr.

Zettel Nr. 4 mit der Aufschrift „Patienten" brachte sie in Verbindung mit anderen Leuten, mit grauer und lichter Energie, Trauer und Schutzengeln. Wieder zeigten sich klare Aussagen durch das Gehen im morphischen Feld, in das wir mit **MANTANKA** eintauchten. *„Ich konnte mich eindeutig wiederfinden* *und möchte die Erkenntnisse zu Hause in Ruhe noch einmal auf mich wirken lassen und dann meine weitere Vorgehensweise festlegen.“*

Maria Herder

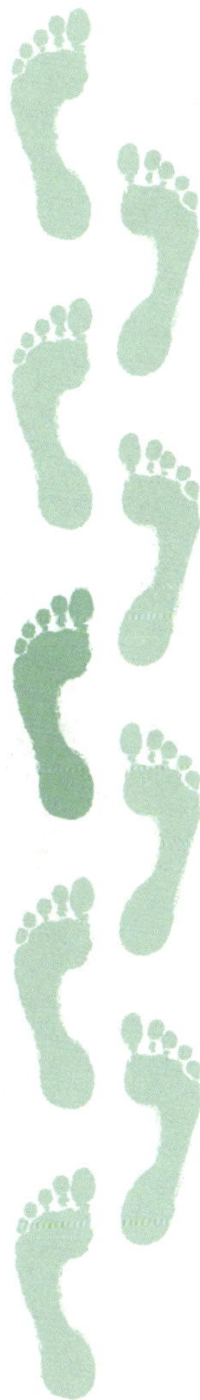

Fallbeispiel:
„Kater Flint am Telefon"

Diese Sequenz wurde in einer Einzelberatung am Telefon durchgeführt.

VORAB-INFO

Sandra, eine Klientin, rief mich an, da ihr Kater namens Flint schon längere Zeit ungewöhnliche Verhaltensweisen zeigte. Sie fragte, ob es möglich wäre, mittels MANTANKA herauszufinden, was Flint fehlte, und eine Besserung zu erreichen.

Der Kater hinterließ immer wieder Urinspuren auf Boden und Teppich, was er früher nie getan hatte, er warf häufig kleine Gegenstände von Regalen oder Tischen und verhielt sich auch sonst anders als gewohnt. Sandra konnte sich nicht erklären, worum es ging, und bat mich, als Kater Flint in das wissende Feld zu gehen. Die Sequenz wollte sie übers Telefon durchführen, um nicht eigens anreisen zu müssen.

ABLAUF

Da es sich um eine telefonische Beratung handelt, aktiviere ich mein Freisprechgerät, schreibe auf einen Zettel „Kater Flint in seiner derzeitigen Situation" und gehe damit bewusst ins wissende Feld. Sandra ist am Telefon und hört mit, was ich sage.

Sie kann jederzeit Fragen stellen oder Vorschläge bringen, wie bei einer persönlichen Sequenz auch. Ich kommentiere noch genauer, was ich mache, was sich in mir abspielt, wie ich mich fühle, damit Sandra auch ohne Blickkontakt alles genau mitverfolgen kann.

Ich gehe als Kater Flint los und bewege mich sanften Schrittes durch den Raum – mal in die Ecke, mal in die andere, mal kreuz, mal quer. Ich bin neugierig und werde zusehends unruhiger. Plötzlich fühle ich, wie ein kalter Windzug mein Gesicht streift und andauernd wiederhole ich in mir das Wort „Freiheit". Ein Fenster kommt mir in den Sinn, das ist geschlossen. Ich möchte es öffnen und den Wind spüren. Dabei soll mir jemand helfen, ich schaffe es nicht alleine.

In diesem Moment meldet sich Sandra durch das Telefon und meint, ihr Kater wäre eine Wohnungskatze, die nie hinausdürfe. Sie hat ihn schon mehrmals dabei beobachtet, dass er sich am gekippten Fenster zu schaffen machte, und schloss daher die Fenster immer gut, wenn sie nicht zu Hause war. Flint darf nicht hinaus ins Freie, da Sandra fürchtet, das nicht organisieren zu können.

Sie ist beruflich bedingt zurzeit ohnehin sehr eingespannt und daher wenig zu Hause, und wenn Flint zum Beispiel morgens nach einem nächtlichen Trip nicht rechtzeitig aufzufinden wäre, müsse er sehr lange draußen bleiben, bis sie spät abends wieder von der Arbeit heimkommt. Aus diesem Grund hat sie es bis jetzt vorgezogen, ihn in der Wohnung zu belassen.

Nach diesem Gespräch führe ich die Sequenz für Flint weiter, denn Sandra will wissen, ob wir ihm noch anderweitig helfen können. Wir probieren einiges aus und es stellt sich heraus, dass er auf seinem Lieblingsschlafplatz gern eine gelbe Decke haben würde. Das löst zwar nicht das Problem des Freiheitsdranges, ist aber eben auch noch ein Wunsch von Flint. Egal, was Sandra vorschlägt, Flint besteht darauf, frei sein zu wollen. Er möchte hinaus in die Natur und den Wind spüren. Nichts ist wichtiger, das ist seine Nachricht an sie. Ich gehe aus dem Feld und beende die Sequenz.

RÜCKMELDUNG NACH DEM NACHFÜHLEN

Ich konnte Sandra nur bestätigen, dass Flint dringend hinauswollte, er brauchte Freiheit und frische Luft. Sie antwortete, dass sie sich das noch mal durchüberlegen müsste. Sie hätte ohnehin vor, in einem halben Jahr zu übersiedeln, und da wäre dann auch eine kleine Terrasse bei der Wohnung mit dabei. Die wäre mit einem Netz oder Ähnlichem abzusichern, sodass der Kater ins Freie gelangen, aber doch nicht weglaufen könnte.

Ich hatte nicht den Eindruck, als würde Flint ein halbes Jahr darauf warten können, und wir diskutierten noch einige Varianten, wie zum Beispiel die Anschaffung einer Katzenleine, um mit ihm spazieren gehen zu können. Ein Kompromiss, der vielleicht für beide annehmbar wäre. Für Flint, der seine Zeit unbedingt draußen im Freien verbringen wollte, und für Sandra, die keine Möglichkeit sah, ihn frei laufen zu lassen.

Wie auch immer Sandra entscheidet, aus Flints Sicht wäre die Problematik ganz schnell und einfach gelöst und seine vermeintlichen Verhaltensauffälligkeiten wären Vergangenheit: Hinaus aus der Wohnung und frische Freiheitsluft schnuppern!

Fallbeispiel:
„Von der Krankheit zur Fremdenergie“

Diese Sequenz wurde zu zweit für eine dritte Person durchgeführt.

VORABINFO

Maria litt zu der Zeit an starker Übelkeit und Kopfschmerzen, die durch nichts zu lindern waren. Sie rief eine Absolventin meines Ausbildungskurses an und bat sie, mittels einer MANTANKA-Sequenz die Ursache für ihre Krankheits-Symptome zu ermitteln. Gemeinsam mit einer zweiten Kurskollegin führte diese die Sequenz für Maria durch.

ABLAUF

Renate leitet die Sequenz. Sie schreibt auf einen Zettel: „Die Ursache für die Übelkeit von Maria“, faltet ihn und händigt ihn ihrer Kurskollegin Sabina aus. Diese stimmt sich ein, steigt ins Feld und geht im Kreis. Sie muss immer schneller gehen. Sie sagt, dass ihr schwindlig wird und sie gerne stehen bleiben möchte, aber das ist nicht möglich. Plötzlich bekommt sie „Gänsehaut“ und ihr wird kalt. Außerdem beginnt sie zu humpeln und hat das Gefühl, dass die Luft immer schlechter wird. Ihre Aussage ist immer: „Ich will nach Hause!“

Mittlerweile ist der linke Fuß steif geworden und lässt sich nicht mehr abbiegen. Zu diesem Zeitpunkt wird ihr klar, dass sie eigentlich in der Rolle eines Mannes ist und sich im Krieg befindet. Nachdem die Schmerzen im Knie unerträglich werden, verbindet die MANTANKA-Leiterin das Knie symbolisch – der Schmerz lässt nach.

Der Mann (Sabina in der Rolle) sagt erneut, dass er nach Hause will, jedoch helfen die Zettel mit der Aufschrift „Hilfe" und „heimbringen", die die Leitung ins Feld bringt, nicht weiter. Jetzt erzählt der Mann, dass er Schuldgefühle hat, weil er unglaublich schlimme Dinge gemacht und erlebt hat. Er kann nicht verstehen, wie man so entsetzlich schreckliche und grausame Taten vollbringen kann, nur weil man es von jemandem befohlen bekommt. Seine Ratlosigkeit und Verzweiflung über die Sinnlosigkeit dieses Krieges gehen über jedes Verständnis hinaus. Er will um Verzeihung bitten, braucht jedoch eine reale Person dafür.

Die MANTANKA-Leitung Renate geht zusätzlich in das Feld hinein, um diese Person darzustellen. Nachdem der Mann um Verzeihung gebeten hat und auch Renate sich in ihrer Rolle als andere Person entschuldigt, wird anschließend die Verbindung, die zwischen den beiden besteht, mit einer Schere energetisch getrennt. Die andere Person geht wieder aus dem Feld.

Der Mann hat das Gefühl, dass seine Seele zersplittert wurde. Die MANTANKA-Leitung gibt ihm Licht in Form einer Kerze, um die Seele damit zu heilen. Der Mann genießt diese Heilung, hat nun ein gutes Gefühl. Sabina verlässt die Rolle als Mann und das wissende Feld.

Sequenzwechsel

Renate schreibt einen neuen Zettel für die nächste Sequenz: „Maria im Jetzt". Sabina geht als Maria hinein und schon nach wenigen Schritten wird ihr klar, dass sie die gleichen Gefühle wie in der ersten Sequenz hat. Außerdem beginnt sie wieder zu humpeln. Sie sagte, dass sie die Person von Maria kaum wahrnimmt, sondern nur den Mann von vorhin.

Da Maria so machtlos ist und nichts weiterhilft, beschließt die Leitung, die Sequenz zu beenden und eine andere stattdessen zu beginnen. Sabina steigt aus dem Feld. Sie hat den Eindruck, dass Maria von einer fremden Energie begleitet wird und deshalb so machtlos ist. Diese Fremdenergie hat die Form des Mannes, der im Krieg war. So ergibt sich die nächste Sequenz.

Sequenzwechsel

Einstieg mit dem Zettel „Fremdenergie im Umfeld von Maria". Als Sabina in ihrer Rolle als Fremdenergie wieder ihre Runden dreht, erklärt sie, dass sie nichts Böses will. Sie fühlt sich hier sehr wohl, weil so viel Platz ist.

Nun geht Renate in der Rolle als Maria zur Fremdenergie in die Sequenz hinein. Sie beginnt zu gehen und schon nach kurzer Zeit gibt sie der Fremdenergie zu verstehen, dass sie Abstand halten soll, da ihr ein kalter Schauer über den Rücken läuft und sie diese Nähe zur Fremdenergie nicht aushält. Sie bittet die Fremdenergie, sie (Maria) zu verlassen und ins Licht zu gehen. Die Fremdenergie sieht keine Notwendigkeit, das zu tun, weil hier genügend Platz für zwei ist und sie sich hier bei Maria sehr wohlfühlt. Sie bittet sie aber erneut zu gehen und teilt ihr mit Nachdruck mit, dass dies für sie notwendig ist, da es ihr sonst sehr schlecht ergeht. Die Fremdenergie ist sehr frustriert, da sie nun diesen gewohnten, lieb gewonnenen Ort verlassen soll. Sie sagt: *„Alle reden immer von diesem ominösen Licht, ich habe es schon lange gesucht, aber nie gefunden. Ich bin mir gar nicht sicher, ob es dieses Licht wirklich gibt."*

Nach mehrmaligem Bitten und Fordern willigt die Fremdenergie dann doch ein, ins Licht zu gehen, hält sich aber eine Option offen: *„Falls ich das Licht nicht finde, komme ich zurück!"*

Die Fremdenergie nimmt eine Kerze in die Hand, entzündet mit einem Zündholz das Feuer und blickt gebannt auf das Licht. Renate, in der Rolle von Maria, bildet in Gedanken eine Lichtsäule und schickt die Fremdenergie sanft mit zwei Engeln, dem Engel des Vertrauens und Erzengel Michael, ins Licht. Da beide das Gefühl haben, es ist nun abgeschlossen, wird diese Sequenz beendet.

RÜCKMELDUNG NACH DEM NACHFÜHLEN

Die Klientin Maria bestätigte, dass es ihr bereits am nächsten Tag deutlich besser ging, sie war überglücklich darüber.

Sabina fasste ihre Eindrücke wie folgt zusammen: „*In der ersten Sequenz war die Verwirrung darüber so stark, dass ich nicht verstand, wie ich so grausam sein konnte. Ich war in der Rolle als Mann der Meinung, dass ich eigentlich ein netter Mensch war, und konnte diesen Widerspruch kaum fassen. Ich wollte nur einfach alles vergessen und nach Hause gehen, damit ich meine Ruhe finde. Obwohl ich verwundet war, wollte oder konnte ich nicht sterben, ich wollte einfach viel lieber nur nach Hause.*

In der zweiten Sequenz war es erstaunlich, dass die Persönlichkeit ‚Maria' nur ganz schwach im Hintergrund spürbar war – die Fremdenergie war wesentlich stärker.

In der dritten Sequenz war für mich das Gefühl von Freiheit so beeindruckend, weil ich so viel „Platz" einnahm. Ich wollte vorerst unter keinen Umständen weg von dort, es war einfach gut. Ich glaube, ich bin nur ins Licht gegangen, weil ich auf keinen Fall nochmals jemanden in irgendeiner Weise verletzen wollte. Als ich mich entschlossen hatte, ins Licht zu gehen, war anschließend keine Präsenz mehr spürbar. Ich war wie aufgelöst."

Sabina Höglinger

Renate rief mich nach der Sequenz etwas verwirrt an. Sie hatte zwar schon von Fremdenergien, Besetzungen und dergleichen gelesen und gehört, doch dass sie nun selbst damit konfrontiert wird, damit hatte sie nicht gerechnet. Instinktiv reagierte sie richtig und bat die Fremdenergie, sich einen anderen, besseren Platz zu suchen.

Wenn Menschen vom Tod überrascht werden oder aus einem anderen Grund nicht bereit sind, diese Welt zu verlassen, ist es auf feinstofflicher Ebene möglich, dass sie in gewissem Maße hier weiterexistieren, eben in anderer Form. Um etwas bewirken zu können, benötigen sie einen materiellen Körper und heften sich ans Umfeld von lebenden Menschen.

Maria wurde dadurch gesundheitlich sehr geschwächt und suchte deshalb Hilfe. Vorab konnte keiner wissen, was die Ursache der Erkrankung war. Die Sequenz brachte es ans Licht, dass es sich hier um einen außergewöhnlichen Fall handelte. Renate meinte dazu: *„Ich war total überrascht und wusste vorerst nicht, wie ich reagieren sollte. Zum Glück vertraute ich meiner inneren Stimme, die mir wohl das Richtige riet, denn am Schluss der Sequenzen war eine angenehme Atmosphäre spürbar und es stellte sich ein Gefühl der Zufriedenheit ein. Ich war froh, als Maria mich am nächsten Tag anrief und mir erzählte, dass es ihr wesentlich besser ging."*

Renate Ranetbauer

Fallbeispiel:
„Kommunikation mit dem Herzen“

Wir führten diese Sequenz in einer Gruppe durch.

VORAB-INFO

Sonja aus meiner Ausbildungs-Gruppe wollte eine MANTANKA-Sequenz zu keinem persönlichen, sondern zu einem kollektiven Thema durchführen. Sie schnitt mehrere Themen an, die aber für die anderen Teilnehmer nicht als stimmig wahrgenommen wurden. Auch Sonja war sich nicht klar, was genau sie mit ihren Beschreibungen meinte. So nützten wir MANTANKA, um das Thema erst mal genauer zu definieren.

ABLAUF

Dazu gehen alle Kurs-Teilnehmer in diese Thematik hinein – jeder mit dem Fokus herauszufinden, worum es genau bei dieser kollektiven Sequenz geht, wie sich das Ganze benennen lässt. Alle bewegen sich gleichzeitig auf ihre Art und Weise durch den Raum, jeder scheint tief in die Energien versunken, alle gehen still ihren Weg.

Nach einiger Zeit nimmt eine Teilnehmerin eine der beiden Engel-Figuren, die auf einer Vitrine stehen. Sie teilt allen mit, dass ihr Fokus nicht auf dem Engel selbst liegt, sondern dass es um die Flügel geht. „Es wachsen mir Flügel“ kommt ihr in den Sinn. Es geht bei dem kollektiven Thema um Größe. Daraufhin zieht es eine andere Teilnehmerin zu einem Blumenstock, sie nimmt ihn und gibt ihn der ersten Teilnehmerin.

Diese hält nun beides, den Engel und den Blumenstock und sagt: *„Es ist die Größe im Herzen der Menschen und wie wir diese wieder aktivieren!"*

Das Thema der kollektiven **MANTANKA**-Sequenz war gefunden!

Sequenzwechsel

Alle Teilnehmer setzen sich auf ihre Plätze, nur die Teilnehmerin mit dem Engel und dem Blumenstock in Händen bleibt als Thema „Die Größe im Herzen der Menschen und wie wir diese aktivieren" in der Sequenz. Sie geht weiter und nimmt nun den zweiten Engel von der Vitrine. Dieser hat noch größere Flügel als der erste. Ihr kommt das alles aber viel zu schwer vor und deshalb stellt sie den Blumenstock am Tisch ab. Sie trägt nun beide Engel, spürt aber noch immer eine gewisse Schwere. Sie hat das Gefühl, als ob sie im Kopf nun leer wäre, und gibt den einen Engel an eine andere Teilnehmerin ab. Danach entscheidet sie, den zweiten Engel auch jemand anderem aus der Gruppe auszuhändigen.

Diese zwei Personen bewegen sich jetzt mit ihr im Raum, im wissenden Feld. Ein Engel wird als Schutzengel bezeichnet, beide Engel werden von den Teilnehmerinnen als schwer empfunden. Die **MANTANKA**-Leitung regt an, eine neue Sequenz zu beginnen und dabei hineinzuspüren, warum die Engel als schwer wahrgenommen werden.

Sequenzwechsel

Die Teilnehmerin mit dem Engel mit den kleineren Flügeln (*X klein*) geht in die Thematik hinein, ebenso die Teilnehmerin mit dem Engel mit den größeren Flügeln (*X groß*). Jede hält ihren Engel in Händen. *X klein* bemerkt, dass ihr Bewusstsein ständig im Herzbereich ist. Sie fühlt, als wäre eine Platte auf dem Herzen. Während sie weiter hineinspürt, verkündet *Xgroß*: *„Ich kann nichts mehr hören!“*

Die Leitung fragt, warum *Xgroß* nichts mehr hören kann. Sie möchte wissen, ob das Gehör nicht mehr funktioniert oder ob sie einfach nichts mehr hören will. Noch bevor *Xgroß* antworten kann, hat *Xklein* einen Vorschlag. Sie hat den Eindruck, alles wäre zu kompliziert, und möchte zu einer klaren Einfachheit finden. Sie nimmt auf der Platte, die auf ihr Herz drückt, einen Ring wahr. Sie ergreift mental ein Seil, das sie an diesem Ring befestigt. Die Flügel des Engels ziehen diese Platte weg.

Das funktioniert wie von selbst: *„Einfachheit ist die neue Devise!“*, strömt es aus ihr heraus. Sie fühlt sich frei und geht aus der Sequenz. *Xgroß* geht nicht mehr lange weiter, gibt den Engel an eine im Kreis sitzende Teilnehmerin ab und fühlt sich erleichtert.

Personenwechsel

Die Teilnehmerin aus der Gruppe, die nun den Engel mit den großen Flügeln erhalten hat, geht in die Sequenz hinein. Sie trägt den Engel und weiß sofort: „Es geht um Kommunikation. Diese ist bis jetzt ganz isoliert geführt worden.“

Sie zeigt auf ihren Hals und erklärt, dass uns hier Verbindungen fehlen. Es funktioniert ganz leicht, sie möchte, dass alle Workshop-Teilnehmer hineinfühlen und ihre Hand an den Hals halten. Man braucht nur mit der Hand über den Hals gleiten, dann ist es so, also würde man energetische Fäden zusammenführen. „Damit ist es verbunden, damit sind wir verbunden. Nichts ist kompliziert, alles ist einfach. Macht es einfach – das ist es!“

Die Teilnehmerin beendet damit die Sequenz und geht aus der Rolle, aus dem Feld.

RÜCKMELDUNG NACH DEM NACHFÜHLEN

In diese Kollektiv-**MANTANKA**-Sequenz waren alle Teilnehmer involviert, es fand reger Wechsel statt. Alles lief darauf hinaus, zuerst die Größe im Herzen der Menschen wieder zu erkennen und zu erwecken. Danach waren die Kommunikationsmöglichkeiten wesentlich andere, die nur mehr richtig vernetzt werden mussten – nach dem Motto:

„WENN HERZEN SPRECHEN ...“.

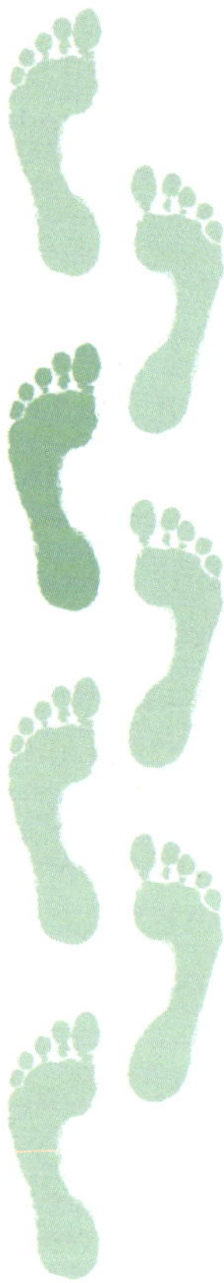

SONDERFORMEN

„Man muss etwas Neues machen, um etwas Neues zu sehen“
G. Ch. Lichtenberg

MANTANKA kann sowohl mit anderen Methoden kombiniert als auch mit besonderem Schwerpunkt durchgeführt werden. Nachfolgend einige Beispiele dafür.

Distanz-MANTANKA

Die Notwendigkeit für die Durchführung einer Sequenz aus der Ferne ergibt sich dann, wenn beispielsweise der Klient nicht mobil ist, eventuell aufgrund einer Erkrankung oder manchmal auch, wenn er sehr weit entfernt wohnt und es ihm nicht möglich ist, persönlich zu erscheinen. Diese Art der Hilfestellung würde ich nur MANTANKA-Leitern mit viel praktischer Erfahrung empfehlen, nichtsdestotrotz funktioniert diese Arbeitsweise sehr gut. Es gibt grundsätzlich zwei verschiedene Herangehensweisen:

Die eine Variante besteht darin, dass der Klient eine bestimmte Frage stellt oder eine Thematik benennt, die sich die MANTANKA-Leitung im wissenden Feld zugänglich machen soll. Die Leitung tut dies und schreibt danach die Erkenntnisse auf. Ich persönlich führe das gerne mit einem Diktiergerät in der Hand durch, auf das ich das Erlebte spreche. Je nach Wunsch sende ich die Aufnahme dem Klienten per E-Mail oder CD. Er kann die Sequenz für sich dann auch noch niederschreiben, was manchem hilft, tiefer einzutauchen.

Eine andere Möglichkeit der Durchführung ist die der MANTANKA-Sequenz direkt am Telefon. Es wird ein Anruftermin vereinbart, der Klient nennt sein Thema nur kurz und stimmt sich gut darauf ein. Die MANTANKA-Leitung notiert das Thema des Klienten auf einem Zettel, stimmt sich ebenfalls ein und geht damit in das wissende Feld (Teppich oder abgegrenzte Fläche). Wie bei einer persönlichen Sequenz auch, spricht der Leiter nun das aus, was er empfindet und intuitiv vernimmt.

Hier eignet sich die Anschaffung eines Freisprechgerätes, damit das Mobiltelefon beim Gehen nicht getragen und an das Ohr gehalten werden muss. Die Leitung formuliert also die Befindlichkeiten in der Sequenz, der Klient erhält die Infos über das Telefon. Der weitere Ablauf ist wie sonst auch – entweder schlägt der Klient vor, welche Information in Form eines Zettels ins Feld gegeben werden soll, oder die MANTANKA-Leitung hat aus der Rolle heraus einen Wunsch oder eine Idee. Es wird dann ausprobiert, was eine Verbesserung bringt.

Das Einzige, was bei einer Sequenz über die Distanz wegfällt, ist das Zusehen. Umso wichtiger ist es hier, dass die Leitung sehr genau beschreibt, was abläuft.

In dem Fall werden auch Änderungen in der Körperhaltung mitgeteilt (zum Beispiel: „Ich gehe jetzt nicht mehr, sondern setze mich“ oder „Mein rechtes Bein blockiert und ich hinke plötzlich“ usw.). Alles in allem wird mehr gesprochen, der Klient fokussiert sich auf das Gehörte und hat wie immer die Möglichkeit, jederzeit nachzufragen. Sobald eine Lösung gefunden wurde, geht die Leitung aus der Rolle.

Es folgt ein kurzes Nachgespräch, in dem der Klient seine Eindrücke schildert, Fragen stellen kann und die Leitung von ihrer Sicht aus noch Informationen gibt. Ist das Thema gelöst, wird das Telefonat beendet. Sind noch Fragen, steigt die Leitung noch einmal ins wissende Feld – diesmal mit einem neuen Zettel, dessen Inhalt zuvor mit dem Klienten festgelegt wird.

MANTANKA mit Kindern

Mit Kindern auf diese Art und Weise zu arbeiten, ist ein wahres Geschenk. Sie tauchen noch viel schneller ins wissende Feld ein als Erwachsene.

Auch hier ist keine Vorbesprechung des Themas nötig. Die meisten Kinder übernehmen gerne selbst die eigene Rolle. Als sehr wirkungsvoll habe ich es erlebt, wenn das Kind selbst in alle aufeinanderfolgenden Sequenzen hineingeht. Vorab bespricht man mit dem Mädchen oder Jungen, für was oder für wen sie nun ins Feld gehen, oder man gibt ihnen einen Zettel mit, auf den man den Namen der Person oder des Themas notiert.

Nach der Sequenz biete ich ihnen an, wirklich mit einem großen Satz aus der Rolle zu springen. Sie tun dies mit großer Freude. Und ich lasse sie sich dann einige Male drehen, wir warten, bis sie wieder klar sind, und sie sagen dann einige Male hintereinander ihren Namen, so in der Form: „Ich bin ... (Name)!“ oder: „Ich heiße ... (Name)!“

Damit ist sichergestellt, dass sie wieder bei sich selbst angelangt sind. Man kann den Elternteil, sofern er es schafft, sich emotional etwas zu distanzieren, in die Sequenz mit einbeziehen. Wenn sich der Erwachsene zu sehr involviert fühlt und nicht objektiv bleiben kann, weil es eben um das eigene Kind geht, ist es besser, die MANTANKA-Leitung übernimmt die Rolle, sollte eine zweite gefragt sein. Bei Kindern, die dem Grundschulalter entwachsen sind, hat es sich bewährt, die Sequenzen ohne Beisein der Eltern durchzuführen.

Selbstverständlich verstehe ich das Interesse und die Neugierde der Eltern, hier zuzusehen, jedoch ist es für manche Eltern-Kind-Beziehungen besser, das Kind allein sein Ding machen zu lassen. Die verantwortungsvolle MANTANKA-Leitung ist ja mit dabei und führt den heranwachsenden Erdenbürger sehr achtsam durch seinen Prozess.

Fallbeispiel:
„Die Angst, der Brunnen und die Melonen“

Wir führten die Sequenz innerhalb einer Einzelberatung durch.

VORAB-INFO

Der neunjährige Jan war mit seiner Mutter bei mir in der Praxis. Er hatte verschiedene Themen, die er bearbeiten wollte. Durch einige kinesiologische Sitzungen kannte er mich bereits und war nun gespannt auf die Methode **MANTANKA**. Er wusste, dass man sich damit ganz einfach in eine Geschichte hineinbegeben konnte. Mehr benötigte er nicht als Info, er wollte sofort beginnen. Seine Mutter war sehr verständnisvoll und verließ den Raum, damit ich mit Jan arbeiten konnte – ihm war es auch recht.

Auf meine Frage hin, was er gerne zum Positiven verändern würde, meinte er, seine Angst, die immer wieder auftauchte und verschiedene Formen annahm. Meist fürchtete er sich in der Nacht, wobei er nicht genau sagen konnte, wovor er Angst hatte. Ich bat ihn, „meine Angst“ auf einen Zettel zu schreiben, ihn zu falten und einzustecken, und wir begannen mit der Sequenz.

ABLAUF

Jan zieht augenblicklich die Filzpatschen aus und springt auf den Teppich. *„Nun geh einfach mal los“*, sage ich zu ihm, *„und erzähle mir, was dir dabei in den Sinn kommt.“*

Kinder benötigen meist keine umfangreichen Erklärungen. Sie nehmen auf und an, was kommt, und geben es gleich weiter.

Jan geht anfangs etwas schneller, doch sein Tempo mäßigt sich bald. Sein Gehen wird zögerlicher, bis er stehen bleibt und sich auf den Boden setzt. Er meint, dass es jetzt finsterer wäre als vorher und dass er in einem Brunnen säße. Der wäre gar nicht so tief, aber ziemlich schmal und schlammig. Er sitzt im Brunnen fest und kann nicht an die Oberfläche kommen, da die Brunnenwand innen sehr rutschig ist. Das ist aber nicht das Schlimmste, da würde sich schon irgendwie ein Weg finden. So richtig störend empfindet er es, dass es hier im Brunnen nach Schweinestall stinkt. Das ist kaum auszuhalten. Jan schlägt zuerst um sich und hält sich dann die Nase zu, um den Gestank besser zu ertragen. Er bittet mich um Hilfe. Ich frage ihn, womit man diese Geruchsbelästigung beseitigen kann und er antwortet sofort: *„Mit Melonen!“*

Melonenduft liebt er und es wäre sehr einfach, den Brunnen mit Melonen zu füllen. Ich gebe ihm dazu imaginäre Melonen, eine nach der anderen und er zeigt mir, wo sie zu platzieren sind. Nachdem wir den Brunnen mit vielen Melonen gefüllt haben, geht es ihm besser. Er nimmt die Hand von der Nase und vermag so die weiteren Melonen besser zu schlichten. Dadurch kann er sich auch gleich aus dem Brunnen befreien, denn je mehr Melonen in den Brunnen gefüllt werden, desto weiter kommt Jan hinauf ans Tageslicht – auf dem Melonenberg stehend.

Bald erreicht Jan mit den Händen den Brunnenrand und springt heraus. Er bleibt kurz am Boden liegen, atmet einige Male erleichtert durch, springt dann auf und geht schnellen Schrittes rund um den Brunnen. Er lacht und ist guter Dinge, klatscht in die Hände und meint, das hätten wir prima geschafft: *„Fertig, und was jetzt?“*, fragt er mich mit wissbegierigem Blick.

„Springe aus der Rolle heraus, Jan, einfach herunter vom Teppich, gib mir den Zettel wieder und sage drei Mal deinen Namen.“

Nachdem er das getan hat, möchte er einen Schluck Wasser trinken und verlangt nach Papier und Stiften, da er eine gute Idee für eine Zeichnung hat, wie er meint. Während er sich seiner Zeichnung widmet, gehe ich ins andere Zimmer, wo seine Mutter wartet, und erzähle ihr von unserer Sequenz.

Es ist nicht nötig, jedes Detail zu analysieren, denn die Veränderung wirkt im energetischen Feld und Jan ist sichtlich aufgeblüht. Er zeichnet noch einige Zeit, will zu Hause weitere Bilder anfertigen, ist voller Tatendrang und gut drauf. Seine Mutter freut sich, ihn so zu sehen.

RÜCKMELDUNG

Eine Woche später rief mich seine Mutter an und berichtete, dass er sich die gute Laune beibehielt und insgesamt Situationen, die ihn früher belasteten, nicht mehr so ernst und tragisch nimmt. Dadurch sind beide zufriedener und Jan ließ ausrichten, er würde sich wieder bei mir melden, wenn er etwas bräuchte.

MANTANKA-Karmalösung

Aus der Sicht der Indianer lernte ein Mensch von seinen Vorfahren genauso wie von seinen Kindern. Der Inkarnationskreislauf (Wiedergeburt der Seele) war für sie selbstverständlich.

Davon ausgehend, dass ein Mensch viele Leben zum Sammeln von Erfahrung zu Verfügung hat, kann man über das wissende Feld die für das heutige Leben brauchbaren Informationen abholen. Sei es, dass es darum geht, bestimmte Talente von früher im Jetzt wieder zu aktivieren oder zu sehen, was einen von damals noch blockiert, also bis ins heutige Leben wirkt.

Als Rückführungsleiterin interessierte mich dieser Zugang sehr, zumal es eine relativ leichtgängige Art und Weise ist, die karmische Ebene mit einzubeziehen. Reguläre Rückführungen dauern im Allgemeinen sehr lange und sind, weil in Trance durchgeführt, für manche Menschen angstbesetzt.

Andere wiederum lassen sich aufgrund der starken Kontrolle der linken Gehirnhälfte nicht so leicht in diesen veränderten Bewusstseinszustand führen oder können diesen nicht für einige Stunden aufrechterhalten, bis der gesamte Rückführungsablauf samt der sehr wichtigen Vergebungsabfolge abgeschlossen ist. Ich bin der Meinung, dass jede Methode ihren Wert und ihre Berechtigung hat.

Da ich beides anwende, kann ich bei einer **MANTANKA**-Karmalösung die Leichtigkeit und Schnelligkeit in der Abwicklung als Vorteil herausstreichen. Es sind zwei unterschiedliche Zugänge, wie immer hat alles seine Zeit. Die Durchführung von Karma-Sequenzen unterscheidet sich von regulären Abläufen.

KARMA

Der Begriff Karma kommt aus dem Sanskrit, einer alt-indischen, heiligen Sprache im Hinduismus. Er umschreibt einen spirituellen Ansatz, dessen Grundannahme die mehrmalige Wiedergeburt einer Seele ist. Erfahrungen prägen uns. Auch die von früheren Leben. Jede Seele hat demnach mehrere Leben zur Verfügung, um sich weiterzuentwickeln.

Ein weiterer wesentlicher Bestandteil des Karma-Begriffes ist der Zusammenhang von Ursache und Wirkung. Sie setzten damals, in Ihren früheren Leben, Ursachen für heutige Auswirkungen. Man könnte es vergleichen mit einer Plus- und Minus-Liste, mit einem Soll- und Haben-Konto. In bestimmten Lebensbereichen haben Sie Pluspunkte gesammelt, in anderen Minuspunkte.

Im gegenwärtigen Leben geht es darum, einen Ausgleich zu schaffen. Dieser stellt allerdings keine Bestrafung dar, sondern Sinn und Zweck der Erfahrungen ist es, beide Seiten der Medaille zu erkunden und somit ganz zu werden.

Nehmen wir an, jemand leidet in diesem Leben an immer wiederkehrenden Kopfschmerzen. Medizinisch lässt sich keine Ursache und auch keine Lösung dafür finden. Vom karmischen Gesichtspunkt aus wäre es hier möglich, dass in einem der vorangegangenen Leben der Mensch einer anderen Person aus Unerfahrenheit, Übermut, Zorn, Eifersucht oder sonstigen Gründen mit einer Holzlatte auf den Kopf geschlagen hat, was für den anderen schmerzlich endete oder sogar tödlich.

Unsere Seelen wollen sich entwickeln und benötigen gewisse Erfahrungen. Auf ein solches Ereignis, das man als Täterleben bezeichnet (man hat etwas verursacht), reagiert jeder anders. Der eine bereut sofort, es ist für ihn unfassbar, was er getan hat. Ein anderer findet vielleicht Spaß daran, Mitmenschen zu schlagen, und probiert das bei vielen aus, einem dritten ist es vielleicht gänzlich einerlei, er empfindet weder dies noch das. So entwickelt jeder Mensch Mitgefühl und Liebesfähigkeit – der eine schneller, der andere langsamer. Manch einer benötigt nur ein Leben für die Entwicklung eines bestimmten Themas, andere beschäftigt ein und dasselbe in mehreren Leben.

Um bei unserem Beispiel zu bleiben, stirbt der Mensch, der dem anderen die Kopfverletzung zugefügt hat, eines Tages und verlässt das besagte Dasein. Die Seele inkarniert ein weiteres Mal, mit dieser Erfahrung im Gepäck. Nun kommt es darauf an, welche Erkenntnisse dieser Mensch damals noch über seine Tat erlangte, denn danach richtet sich die nächste Erfahrung, die die Seele braucht, um sich weiterzuentwickeln. Die Person wird also nach einiger Zeit in einem anderen Körper wieder geboren und erfährt in dem neuen Leben, wie es ist, wenn man von jemandem geschlagen wird (Opferleben).

Das Leben bietet seiner Vergangenheit folgend solche Erfahrungen und man trifft auf Leute, die einen schlagen, Schmerz zufügen oder sogar töten. Aus karmischer Sicht wäre dann das Ganze ausgeglichen. Beide Erfahrungen würden integriert werden und zu einem ganzheitlichen Verständnis führen. Angenommen die Seele inkarniert nach dem Tod des Körpers ein weiteres Mal und hat, wie anfangs beschrieben, immer wiederkehrende Kopfschmerzen, so könnte dies eine Folge der vorangegangenen Leben sein. Der Ausgleich hat zwar schon stattgefunden, aber die Seele hat sich die alte Programmierung in dieses Leben mitgenommen und leidet weiter an diesem Schmerz.

Eine andere Möglichkeit wäre, dass die Person ihre Tat von damals so wenig bereut, dass der Ausgleich im darauffolgenden Opferleben noch zu wenig war und der Schmerz bis heute weiter erlebt wird, um alles ins Gleichgewicht zu bringen. Oder die Kopfschmerzen sind eine direkte Folge aus dem vorherigen Leben, in dem die Tat erst begangen wurde. Da noch kein Ausgleich stattgefunden hat, dient das heutige Leben dazu. Ich möchte darauf hinweisen, dass dieses Beispiel das karmische Prinzip von Ursache und Wirkung stark vereinfacht darstellt. Es ist tatsächlich wesentlich komplexer, doch es sollte hier der Veranschaulichung dienlich sein.

Wie auch immer, in einer Karma-Sequenz suchen wir ein Leben auf, das in Zusammenhang mit Ihrer Thematik im Jetzt steht. Es müssen nicht nur körperliche Symptome sein, die man sich zugänglich machen möchte, sondern auch Verhaltensweisen oder Situationen, die man verändern oder klären will. Durch die aus der Karma-Sequenz resultierende Erkenntnis kann Vergebung stattfinden. Sehr oft geht es darum, auch sich selbst zu vergeben für das, was man getan hat.

Auf energetischer Ebene befreien Sie sich somit von alten Programmierungen, die im heutigen Leben noch nachwirken, aber keinen Sinn mehr ergeben. Dadurch kann positive Veränderung beginnen.

Wie läuft nun eine solche Karma-Sequenz ab?

Der Klient benennt das Thema, die Verhaltensweise, das Symptom, das er sich ansehen möchte, und die MANTANKA-Leitung schreibt das entsprechende Wort oder den Satz auf ein Stück Papier. Der Klient selbst oder der Leiter geht dann mit dem Zettel ins wissende Feld und kommentiert die Informationen, die er intuitiv erhält. Dazu beschreibt er auch, in welchem Körper er sich befindet, denn Geschlecht und Alter können hier natürlich von den reellen Gegebenheiten in diesem Leben abweichen. Wie in anderen Sequenzen auch, werden dann Lösungen ins Feld gegeben, in Form von Zetteln oder Dingen. In einem Fall bestimmen also Klient und Leitung vorab, dass sie die Ursachen von früheren Leben aufdecken wollen, und beginnen so die Sequenz.

Es kann allerdings auch vorkommen, dass eine herkömmliche Sequenz begonnen wird, mit einem beschriebenen Thema auf dem gefalteten Papier und ganz wie von selbst findet sich der Darsteller in einem früheren Leben. Das merkt man auch dadurch, dass man das Gefühl hat, jemand anderer zu sein, beispielsweise ein Kind oder eine Person anderen Geschlechts. Wenn das passiert, geht man in dieser Geschichte weiter, um Lösungen zu finden. Sollte der Klient im Feld dadurch verwirrt sein, plötzlich als eine andere Person in einem früheren Leben zu fühlen, kann die Sequenz kurz unterbrochen werden, um den Karma-Begriff grundsätzlich zu klären. Sobald der Klient wieder bereit ist, in die Rolle zu gehen, wird die Sequenz wie gewohnt zu Ende geführt.

Ist eine Lösung gefunden, geht der Klient aus dem Feld und wiederholt einige Male seinen Namen, um sich wieder hier einzufinden. Anschließend könnte der Klient eine weitere Sequenz gehen – diesmal als er selbst im heutigen Leben – und er erfährt, wie sein Erleben sich nun durch das Lösen des karmischen Anteils verändert hat. Dies erstaunt die meisten Menschen, da tatsächlich ein gänzlich anderes Empfinden, ein verändertes Lebensgefühl spürbar ist.

Damit Sie sich den Ablauf einer Karma-Sequenz besser vorstellen können, führe ich ein Fallbeispiel aus der Praxis an. In diesem Fall war eine reguläre **MANTANKA**-Sequenz und keine Karma-Sequenz geplant, doch die Reise führte uns sogleich in ein anderes Leben und wir nützten die Chance, die sich ergab.

Fallbeispiel:
„Unsicherheit und Antriebslosigkeit“

Diese Sequenz wurde in einer Einzelberatung durchgeführt.

VORAB-INFO

Die Klientin Monika kam auf Anraten ihrer Freundin zu mir in die Praxis. Sie wollte die Ursachen für ihre Unsicherheit bearbeiten, die sie in ihrem Leben immer wieder aufhielt. Sie hatte das Gefühl, dadurch gebremst zu werden beziehungsweise inzwischen bereits an einem Punkt angelangt zu sein, an dem sie die Freude am Tun ganz allgemein verloren hatte.

ABLAUF

Nach dem kurzen Vorgespräch schreibt Monika „Die Ursache für meine Unsicherheit und Antriebslosigkeit“ auf einen Zettel, faltet und übergibt ihn mir, damit ich als Monika ins wissende Feld gehen kann. Sie zieht es vor zuzusehen, da sie sich so mehr Übersicht und Klarheit erwartet. Ich nehme das Stück Papier, stecke es ein und gehe bewusst in die besagte Rolle, in das wissende Feld.

Zuerst gehe ich zügig einige Runden, doch bald schon verlässt mich die Kraft und mein Gehen wandelt sich immer mehr zum Torkeln, wird langsamer. Schwermut kommt auf, ich kann nur mehr mit Mühe schlucken, mein Mund spürt sich trocken an. Ich habe das Gefühl, als würde ich bald verdursten. Gleichgültigkeit überkommt mich und die Gewissheit, nun sterben zu müssen. Damit ist klar, dass ich mich in einer karmischen Rolle befinde. Zudem macht sich innere Überzeugung breit, zu diesem Zeitpunkt ein Mann zu sein.

Ich tauche noch einmal in die Situation ein, erlange dadurch die Erkenntnis, dass es mir nichts ausmacht, zu verdursten oder zu sterben, das kann ich akzeptieren. Was mich aber zur Verzweiflung bringt, ist die Tatsache, dass ich absolut keine Erinnerung daran habe, was ich in meinem damaligen Leben vor dieser Situation gemacht habe. Ich weiß nicht, wer ich bin, wer ich war, woher ich komme, was ich tat, wie meine Lebensumstände sich gestaltet hatten. Das muss ich unbedingt noch erfahren, sonst bin ich nicht bereit, von dieser Welt zu gehen, wäre auf immer und ewig verwirrt, frustriert und nicht in der Lage, in Frieden mit diesem Leben abzuschließen. An diesem Punkt gehe ich aus der Rolle und aus dem morphischen Feld.

Die Klientin Monika ist sichtlich berührt, kennt sie doch solche Befindlichkeiten und Verwirrungen aus ihrem jetzigen Leben, und sie ist einverstanden, in der Zeit einen Schritt zurückzugehen zu dem Moment, an dem klar wird, welches Leben dieser Mann gelebt hat. Es ist sein größter Wunsch, dies zu erfahren. Daher beginnen wir eine neue Sequenz und ich tausche den Zettel gegen einen neuen aus, auf dem steht: „Mein Leben als dieser Mann“.

Erneut gehe ich ins wissende Feld und finde mich sogleich in der richtigen Zeit ein. Ich bin ein etwa achtjähriger Bursche mit langen, schwarzen Haaren, die sich in Locken auf meinen nackten, gebräunten Oberkörper schmiegen. Ich trage eine glänzende Pluderhose aus feinster Seide sowie auf dem Kopf ein Stirnband mit einer Art Brosche darauf. Das Drumherum ist sehr edel, sowohl das Zimmer als auch die Möbel.

Mich umgeben ausschließlich Erwachsene, Kinder fehlen völlig. Offensichtlich tun die mich umgebenden Menschen all das, worum ich sie bitte, doch irgendwie scheint mir nichts mehr einzufallen, was ich möchte. Es hat den Anschein, als wäre ich der Sohn eines orientalischen Herrschers, wohlbehütet, aber abgeschottet von anderen Kindern und der restlichen Welt. Obwohl es schön ist, ich habe nichts auszusetzen, ist es auch irgendwie langweilig. Es fehlt etwas, wobei ich nicht weiß, was.

Da sich nichts mehr verändert, gehe ich mit dem Einverständnis von Monika in die nächste zeitliche Sequenz – einige Jahre später. Ich bin knapp über zwanzig, habe zwar Frauen und Kinder, aber keinen wirklichen Bezug zu ihnen. Die Frauen wohnen in einem anderen Trakt, meine Kinder kenne ich nicht, ich bekomme sie nicht oft zu Gesicht. Irgendwie ist alles ganz genau geregelt. Es fehlt mir an nichts und doch überkommt mich das Gefühl, am Leben vorbeizuleben. Ich kenne es nicht anders, darum fällt es mir schwer herauszufinden, was ich eigentlich vermisse.

Mit dieser Erkenntnis gehe ich mit Erlaubnis der Klientin in der Zeit noch einen Schritt weiter. Nun bin ich im Alter von fast dreißig Jahren angekommen. Ich habe noch mehr Frauen als vorhin und eine größere Anzahl Kinder, die ich allesamt nicht wirklich kenne. Das ödet mich inzwischen ziemlich an. Ich bin frustriert, da sich in meinem Leben nichts Wichtiges tut. Ich habe es satt, immer nur im Luxus herumzusitzen und von langweiligen Menschen umgeben zu sein, die den Auftrag haben, mich zu bedienen und zu bewachen.

Im Grunde bin ich eingesperrt. Ich fühle mich nicht erwachsen, sondern eher noch als Kind. Ich will etwas erleben, die Freiheit spüren, den Wind, das Abenteuer! Meinen treuesten Bediensteten kann ich eines Tages dazu bringen, mit mir einen Ausbruch zu wagen. Er soll in der Nacht zwei Pferde bereitstellen und dafür sorgen, dass die Tore der Stadtmauer geöffnet und die Wächter anderweitig beschäftigt sind. Es gelingt uns tatsächlich, zu den Pferden zu schleichen und damit leise durch das offene Tor zu reiten. Das heißt, es gelingt fast, denn mein treuer Diener wird entdeckt und von einem Wärter vom Pferd gestoßen, da sie meinen, es wäre ein Überfall im Gange.

Ich kann gerade noch durch das Tor in die Freiheit entkommen und galoppiere, so schnell ich kann, davon. Dummerweise befinde ich mich mitten in der Wüste, in der ich noch nie in meinem Leben war. Ich weiß weder, wohin ich reiten, noch wie ich mich verhalten soll. Es ist ziemlich kalt, doch ich reite und reite, bis das Pferd mit mir entkräftet zu Boden sinkt. Zu Tagesanbruch befinden wir uns noch immer in der Wüste, weit und breit ist nichts als Sand zu sehen. Ich habe die Orientierung verloren und bin verzweifelt. Die Sonne brennt vom Himmel und der Wasservorrat geht zu Ende. Ich steige vom Pferd, das nicht mehr weiterkann und stapfe durch den glühend heißen Sand, mein Mund wird immer trockener.

Nun ist klar, dass ich mich in der Situation unserer ersten Sequenz befinde, allerdings mit dem Unterschied, dass ich nun über mein Leben Bescheid weiß. Ich kann mich erinnern, zuordnen, zurechtfinden und damit besser mit meinem Leben abschließen. Mit diesem Wissen gehe ich aus dem wissenden Feld und aus der Rolle.

Monika hat dies alles sehr aufmerksam mitverfolgt, sie kann sich sehr gut in die Situationen hineinfühlen, hat kurz geweint, da ihr diese Gefühle des Mannes aus ihrem jetzigen Leben gut bekannt waren. Das Gesehene hat sie sehr berührt.

Wir lüften den Raum durch und führen ein kurzes Gespräch, in dem mich Monika bittet, noch eine kurze Sequenz durchzuführen. Sie schreibt dazu etwas auf einen Zettel, den sie faltete, möchte allerdings keine Information preisgeben, worum es sich handelt.

Ich soll vorerst einfach als Monika ins Feld gehen und sie möchte mir dann etwas später die Information auf dem Stück Papier geben, um zu sehen, wie ich als Monika darauf reagiere und was sich ergibt.

Gesagt – getan, ich gehe als Monika in das morphogenetische Feld und trotte in eher langsamer Geschwindigkeit dahin. Vom Gefühl her taucht nichts Besonderes auf, es ist eben so, wie es ist, es fühlt sich weder gut noch schlecht an.

Monika gibt mir den vorbereiteten Zettel, woraufhin sich in mir augenblicklich etwas tut. Ich verspüre Energie und Kraft, mein Gehen wird schneller und selbstsicherer. Mein Gesicht beginnt zu strahlen, ich lächle, fühle Tatendrang und große Vorfreude in mir. Es ist etwas, nach dem ich mich schon lange sehne und auf das ich mich riesig freue. Irgendetwas, was ich als Kind schon tun wollte, habe ich so den Eindruck.

Monika verfolgt das Ganze mit und es lassen sich ein paar Freudentränen in ihren Augen erkennen. Sie winkt ab und meint, ich könne aus der Rolle gehen, ihr wäre nun alles klar. Ich steige bewusst aus dem Feld und vom Teppich, finde mich wieder im Jetzt und in mir ein.

RÜCKMELDUNG NACH DEM NACHFÜHLEN

Monika wollte den Zettel wiederhaben, faltete ihn auf und zeigte mir dessen Inhalt: „Ausbildung zur Hebamme". Sie wollte diesen Beruf schon als Kind ergreifen, doch verlief ihr Leben dann so, dass sich dieser Wunsch nicht erfüllen ließ. Anderes war offensichtlich wichtiger und so verlor sich diese Vision mit der Zeit völlig.

Durch die Karma-Sequenzen, die wir durchführten, kam ihr sehnlicher Wunsch so klar zutage, so lange hatte sie diesen vergessen und verdrängt. Sie bedankte sich freudestrahlend und sagte: „*Jetzt verstehe ich, warum ich in meinem Leben so antriebslos und unsicher bin. Ich hatte meine wahre Bestimmung verloren und dadurch die Freude im und am Leben. Das ist mir nun so klar geworden und ich kann es kaum erwarten, in meinem Leben alles in Bewegung zu setzen, um meiner Berufung zu folgen, mir endlich meinen Traumberuf zu ermöglichen!*“

Monika Eisner

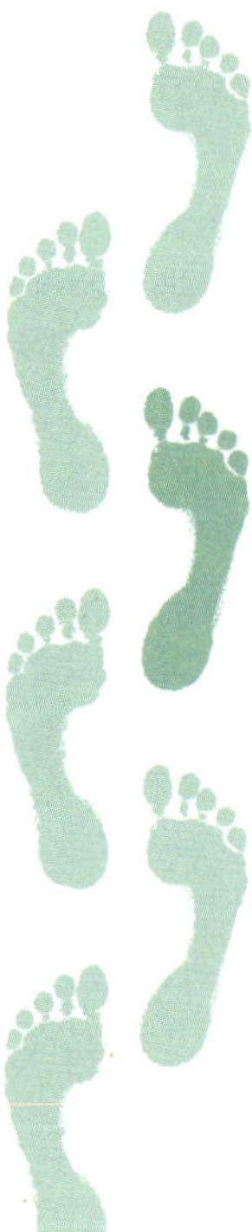

Kombination mit Tarot oder Astrologie

Diese Information dürfte speziell jene interessieren, die astrologisch tätig sind oder sich für das Legen von Karten interessieren. MANTANKA arbeitet mit und im wissenden Feld und kann meiner Erfahrung nach sehr gut mit Astrologie verbunden werden. Die MANTANKA-Leitung benötigt dazu astrologisches Wissen, der Klient und die Teilnehmer brauchen keine derartigen Vorkenntnisse.

Der astrologisch versierte Leiter erstellt vor der Sequenz ein Horoskop des Klienten. Wie auch bei regulären Sequenzen geht entweder der Klient oder die MANTANKA-Leitung (bei Gruppenveranstaltungen auch andere Teilnehmer) in das wissende Feld, in dem die MANTANKA-Leitung zuvor 13 Kärtchen mit Planetensymbolen mit der Bildseite nach unten aufgelegt hat.

In der Astrologie gibt es zehn Planeten (Sonne, Mond, Merkur, Venus, Mars, Jupiter, Saturn, Uranus, Neptun und Pluto). Jeder der Planeten steht symbolisch für bestimmte Eigenschaften. Über diese Bedeutung weiß der astrologisch versierte MANTANKA-Leiter Bescheid. Abgesehen von diesen Himmelskörpern gibt es noch karmische Anteile im Horoskop, wie Lilith, Chiron und Mondknoten. Auch diese Komponenten stehen für die astrologische Sequenz zur Auswahl.

Diese insgesamt 13 Symbole sind auf Kärtchen abgebildet und werden deshalb nicht sichtbar aufgelegt, sondern mit der Bildseite nach unten, um eine bewusste Beeinflussung auszuschließen. Der Teilnehmer geht in das wissende Feld und nimmt eines oder mehrere Kärtchen, zu denen er sich hingezogen fühlt. Dadurch wird intuitiv entschieden, welche

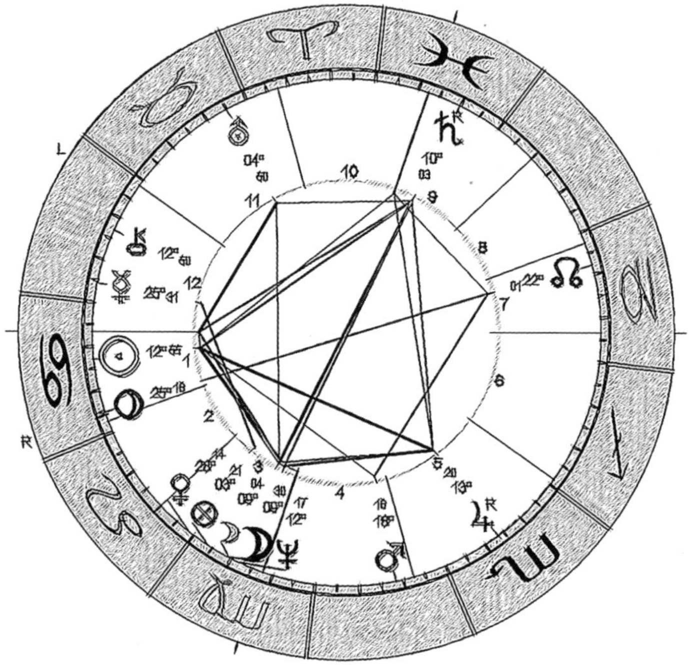

Die Abbildung zeigt ein Geburtshoroskop (Radix). Die Abschnitte 1–12 kennzeichnen verschiedene Lebensbereiche. Im äußeren Kreis sind die Tierkreiszeichen zu sehen, im Inneren Linien, die die Planeten miteinander verbinden (Aspekte). Bei einer Talente-Sequenz schreibt der astrologisch versierte MANTANKA-Leiter die durch ein Dreieck verbundenen Planetenqualitäten auf Zettel, mit denen der Teilnehmer in das wissende Feld geht. So werden Talente des Horoskop-Eigners sichtbar und erlebbar gemacht.

Planeten-Qualität bei dem Klienten nun Thema ist. Die Leitung sieht im Horoskopbild des Teilnehmers, welche anderen Planeten bei diesem Thema noch mitbeteiligt sind, und kann diese nach und nach mittels Kärtchen in die Sequenz einbringen. Der Klient kommt in Kontakt mit eigenen Anteilen, für die die Planeten symbolisch stehen, und holt sich dadurch Erkenntnisse für seine Situation.

Astro-MANTANKA eignet sich zudem hervorragend dazu, verborgene Talente zu aktivieren. In diesem Fall sucht die MANTANKA-Leitung alle Planeten aus dem Horoskopbild, die in einem Winkel von 120 Grad miteinander verbunden sind. Diese Verbindung nennt man in der astrologischen Fachsprache *Trigon*. Da Planeten für bestimmte Eigenschaften stehen, gibt es eben manche, die im Horoskop im Trigon, das heißt sehr harmonisch, miteinander vernetzt sind. Solche Trigone kennzeichnen Talente. Jeder hat unterschiedlich viele Trigone im Horoskop. Wenn beispielsweise bei dem Klienten drei Trigone vorhanden sind, zeichnet der Leiter auf jeden der drei Zettel die Symbole der jeweiligen Planeten, die ein Talent anzeigen. In diesem Beispielfall haben wir drei Talente, daher drei Zettel.

Das Papier wird gefaltet und ins wissende Feld, auf den Teppich, gelegt. Der Klient stimmt sich ein und geht in die Talente-Sequenz hinein. Während er geht, beschreibt er seine Befindlichkeit und wählt dann einen der drei Zettel aus. Die anderen werden wieder entfernt. Er geht mit dem Papier in der Hand und kommentiert, wie es ihm ergeht, was er bräuchte, ob ihn etwas aufhält oder was ihn weiterbringen würde. Die MANTANKA Leitung kann die Kernaussagen kurz mitnotieren – speziell für das Nachgespräch.

Wie bei einer herkömmlichen Sequenz auch, ist es Ziel, eine Verbesserung und Lösung zu finden. Dann ist die Sequenz beendet. Im Nachgespräch erläutert die MANTANKA-Leitung, um welche Qualitäten und Eigenschaften es bei den am Zettel notierten Planeten geht. Gemeinsam analysieren sie den Ablauf der Sequenz und schlussendlich gibt die Leitung noch Tipps mit auf den Weg, wie die angesprochenen Qualitäten gemäß dem Horoskop weiter aktiviert werden können.

Ein Teil ist ja bereits durch die energetische Veränderung während der Sequenz geschehen. In manchen Fällen ist es zielführend, auch im Außen, in der materiellen Welt, noch Schritte zu setzen, wie zum Beispiel einen bestimmten Kurs zu besuchen, sich mit Lektüre zu versorgen, Informationen einzuholen, um die eigenen Talente aus dem Dornröschenschlaf zu wecken und zu forcieren.

Ähnlich ist es beim Einsatz von Tarot-Karten. Ausgehend davon, dass die MANTANKA-Leitung sich mit der Bedeutung der Karten auskennt, wird die mit dem Klienten durchgeführte Legung Ausgangspunkt der MANTANKA-Sequenz. Klient und Leitung (bei Workshops auch andere Teilnehmer) gehen förmlich in die einzelnen Kartenbilder hinein. Dadurch erlangen sie weitere, sehr tiefgreifende Informationen, die dem Verständnis der ausgelegten Karten und deren Gesamtbild dienen.

Meist lasse ich den Klienten in das Bild der Karte hineingehen, die bei der Legung Widerstand verursachte oder Unverständnis hervorgerufen hat.

Dadurch haben alle Kartenleger unter Ihnen nun ein weiteres, vertiefendes Werkzeug in der Hand, das sie nach Bedarf anwenden können. Der Klient spürt selbst die Energie der von ihm gezogenen Karte, was ihn auf direktem Wege zu Erkenntnissen bringt. Es können auch andere Karten in den Sequenzen eingesetzt werden, wie beispielsweise Engel- oder Elfenkarten, je nach Kenntnis und Interesse der **MANTANKA**-Leitung.

RICHTLINIEN FÜR DIE MANTANKA-LEITUNG

„Man kann einem Menschen nichts lehren,
man kann ihm nur helfen,
es in sich selbst zu finden."
Galileo Galilei

Verantwortung und Selbstlosigkeit

Hier einige Punkte für all diejenigen, die nach der Ausbildung selbst MANTANKA-Workshops leiten oder Einzelberatungen durchführen wollen. Ich möchte uns alle damit an unsere große Verantwortung erinnern, die wir innehaben, wenn wir mit Menschen energetisch arbeiten:

- Den Klienten vorab über die Methode ausführlich informieren.
- Die Autonomie des Klienten und seine Entscheidungen achten.
- Sämtliche anvertraute Informationen des Klienten vertraulich behandeln.
- Eigenverantwortung des Klienten fördern.
- Hilfe zur Selbsthilfe geben.
- Mit Achtsamkeit beobachten.
- Wahrnehmen, annehmen und akzeptieren, was sich zeigt.
- Die Grenzen des Klienten erkennen und wahren.
- Die eigenen Grenzen erkennen und wahren.
- Keine eigene, vorgefasste Meinung einbringen (Selbstlosigkeit).
- Bewusstheit darüber, dass unsere Arbeit weder Arzt noch Psychotherapeut ersetzt.

Besonders hervorheben möchte ich die Tatsache, dass die Person, die die Sequenz leitet, grundsätzlich eine abwartende, sich anpassende Funktion hat. Bei dieser Methode steht der Klient mit seiner Wahrnehmung im Vordergrund. Die Leitung bringt sich nicht aktiv mit eigenen Impulsen oder gar vorgefertigten Handlungsabläufen ein, sondern nimmt das auf, was gerade vor sich geht.

Sie greift Wörter und Stimmungen des Klienten auf, beschreibt Körperhaltungen, stellt mitunter Fragen zu den Aussagen des Klienten und so weiter. Dadurch verstärkt sie ausschließlich das bereits Vorhandene und schafft Klarheit.

Nicht die eigene Meinung einzubringen verlangt starke Bewusstheit, auch etwas Übung, und ermöglicht so erst das sensitive Wahrnehmen der Schwingungen und Stimmungen im Raum. Das auf diese Art und Weise Erfahrene kann dann ins energetische Feld als Möglichkeit eingebracht werden – beispielsweise in Form von Zetteln oder Dingen, wie bereits beschrieben.

Um den MANTANKA-Prozess optimal durchführen zu können, ist Selbstlosigkeit äußerst wichtig. Darunter ist das Zurückstellen eigener Erfahrungen und Meinungen zu verstehen, und zwar zugunsten einer Offenheit, möglichst objektiv alles Wesentliche aus dem wissenden Feld zu empfangen. Sobald man eine fixe Meinung zum Thema oder zum betroffenen Menschen hat, ist der „Empfangskanal“ nicht für wahrhaftiges Wissen offen.

Die große Herausforderung besteht darin, sich gefühlsmäßig in eine Person oder in eine Situation hineinzubegeben, wirklich das Problem zu untersuchen und nicht die eigene Betroffenheit.

Das wäre so, als hätten Sie schon vieles in Ihrem Korb, und dadurch passt kaum mehr etwas hinein. Hingegen lässt sich ein leerer Behälter ganz neu füllen. Es bedeutet, nicht zu werten, was kein leichtes Unterfangen ist, da wir darauf trainiert sind und eigentlich den ganzen Tag über Situationen und Menschen bewerten, aufwerten, abwerten, über sie urteilen und sie und uns selbst verurteilen. Wird einem das Ausmaß dieser oft schon unbewusst und automatisch ablaufenden Denkweise bewusst, ist ein großer Schritt getan. In vielen verschiedenen religiös und spirituell ausgerichteten Disziplinen ist das als Weg der Demut, der Achtsamkeit und der Befreiung, als jahrzehntelang währender Entwicklungsweg bekannt.

Auch bei den Urvölkern erreichte man diese Art der Reife nicht über Nacht, ebenso wenig werden wir diesen Schritt in kurzer Zeit zuwege bringen. Es ist ein ständiges Dazulernen, Ausprobieren und Feststellen, wo man diesbezüglich steht. Das Bewusstsein darüber ist der Beginn, der Einsatz in den MANTANKA-Sequenzen ein Weg des Lernens, das praktische Anwenden im Alltag die größte Herausforderung. Um einen anderen Menschen oder beliebige Situationen genau erfassen zu können, ist diese Sicht mit innerer Distanz unumstößliche Bedingung.

Umso faszinierender ist es für alle Beteiligten immer wieder aufs Neue, dass innerhalb des Gehens im wissenden Feld diese Sichtweise so rasch und spielend einfach möglich ist. Diejenigen, die schon des Öfteren dieses Phänomen an sich erfahren haben, sind auch in der Lage, die vorurteilsfreie Einstellung allmählich in ihren Alltag einfließen zu lassen. Eine Herausforderung der speziellen Art, die letztendlich einen bei sich bleiben lässt, fokussiert auf den Kern der Dinge, das Unwichtige weglassend.

Ethische Grundsätze

Immer wieder taucht in den Kursen die Frage auf, ob man energetisch arbeiten darf oder soll, wenn andere Menschen (abgesehen vom Klienten) involviert sind. Ein Ratsuchender kommt also in die Praxis oder in einen Workshop und möchte beispielsweise seine Beziehung zu seinem Partner ansehen, weil er spürt, dass etwas nicht in Ordnung ist. Unser Ausgangspunkt ist grundsätzlich immer der Klient.

Wir versuchen, durch MANTANKA Licht und Klarheit auf sein Anliegen zu bringen. Dem Hineingehen für den Klienten selbst folgt eventuell eine Sequenz, in der man ins Thema „Die Beziehung“ geht. Meist möchte der Klient dann auch den Part des eigenen Partners ansehen, um zu erfahren, welche energetischen Blockaden es von seiner Seite aus gibt und wie diese zu lösen sind.

Ich finde, es ist nicht leicht, hier eine allgemeingültige Grenze zu ziehen. Wie weit darf man gehen? Ab welchem Zeitpunkt ist es ein Eingriff in die Persönlichkeit des Menschen, der nicht vor Ort ist? Auch beim Thema „Unsere Beziehung“ ist bereits automatisch eine zweite Person involviert. Wie kann man andererseits dem Klienten helfen, wenn man dazugehörende Umstände und Personen nicht miteinbezieht?

Jede **MANTANKA**-Leitung ist aufgerufen, verantwortungsvoll zu handeln. Wichtig ist, hineinzuspüren und zu unterscheiden, ob diese Art des Hineingehens hilfreich zur Lösung der Thematik ist. Wenn jemand aus purer Neugierde und Machtgelüsten ansehen möchte, wie es um einen anderen Menschen steht, ist das abzulehnen. Es soll dem Klienten dienen UND dem „Großen Ganzen".

Wenn die Leitung achtsam ist und den Ablauf unparteiisch beobachtet, sieht sie sehr gut, ob eine weitere Sequenz möglich und nötig ist oder ob sie es an der Stelle gut sein lässt, weil derzeit keine weitere Lösung greifbar ist. Wir orientieren uns schließlich im und am Jetzt und nicht daran, was spekulativ eventuell sein könnte oder was jemand augenblicklich erzwingen möchte.

Aus ganzheitlicher Sicht betrachtet gibt es die soeben beschriebenen Bedenken gar nicht. Ausgehend davon, dass wir alle eins sind und energetisch gesehen aus einer Quelle stammen, ist es selbstverständlich, das Thema von allen Seiten zu betrachten. Zur körperlichen und psychischen Gesundheit eines Menschen gehören eben sehr viele Faktoren – unter anderem auch sein privates und berufliches Umfeld.

Das heißt, in erster Linie sehe ich das Thema mit **MANTANKA** immer ausgehend vom Klienten an. Hier haben wir das Gehen in der Stille zur Auswahl oder das Gehen im Dialog, wie bereits beschrieben wurde. Sind dann weitere Punkte zu klären, folgt das Hineingehen in die Situation an sich. An dritter Stelle käme eine Sequenz über eine andere Person in Frage. Stets mit achtsamer, unvoreingenommener Beobachtung des Ablaufes.

EXKURS – INTERVIEW MIT EINEM HELLSICHTIGEN KIND

Während ich dieses Buch schrieb, machte ich Bekanntschaft mit Maria, die mir nach einer MANTANKA-Sequenz über ihren Enkelsohn erzählte, der ihr immer wieder von seinen hellsichtigen Wahrnehmungen berichtete – insbesondere von Sichtungen verschiedener Naturwesen. Sie unterhielt sich gerne mit ihm, weil sie sich so sehr wünschte, das auch zu können.

In keltischen, germanischen und indianischen Mythen spielen Naturgeister eine große Rolle. So werden Wesenheiten aus der feinstofflichen Welt bezeichnet, welche in Verbindung mit Pflanzen, Steinen oder Flüssen stehen. In schamanischen Kulturen der Inuit gibt es solche Schutzgeister hauptsächlich in Tiergestalt, in nordamerikanischen Stammesreligionen nennt man sie Krafttiere. Sie sollen den Menschen helfen, sich in beiden Welten, in der von uns erlebten Realität als auch in der nichtmateriellen Welt, zurechtzufinden. Tiere, die dem Schamanen in einem Zustand der Trance (in dem die rechte Gehirnhälfte sehr aktiv ist) erschienen sind, wurden als Hilfs- und Schutzgeister für die betreffende Person angesehen. Der Adler symbolisiert als Krafttier den Boten des Großen Geistes, der für seinen Scharfsinn und seine Weisheit geschätzt wird. Bei den Kelten galt er als Seelenträger, bei den Germanen als mächtiger Beobachter des Weltgeschehens. Der Adler beschützt vor negativen Energien, bringt neue Kräfte, kündigt eine höhere Entwicklungsstufe an und ruft zur Freiheit auf. Abgesehen von diesen Hilfsgeistern in Tiergestalt gibt es auch Wesen in menschenähnlicher Form, wie zum Beispiel Elfen. In Island werden gegenwärtig von der Regierung Elfen-Beauftragte bestellt, die vor baulichen Maßnahmen mit den Naturgeistern Kontakt aufnehmen, um einen der Natur zumutbaren Konsens zu finden. Daraus resultieren so manche eigenartige Straßenverläufe, die dahingehend ausgerichtet wurden, die für die Naturgeister wichtigen Areale nicht zu stören oder gar zu zerstören.

Die Wahrnehmung von feinstofflichen Energien, in welcher Form auch immer, findet in unseren Breiten erst allmählich Akzeptanz. Für andere Kulturkreise ist dies ganz normal und alltäglich. Schon die Griechen in der Antike bezeichneten die Zirbeldrüse als Sitz der Seele, mittels der man in die nichtmaterielle Welt blicken kann. Eine andere Bezeichnung dafür ist „Drittes Auge", das bei den Aborigines in Australien nach wie vor aktiv ist und Kommunikation über Telepathie ermöglicht.

Bei uns in Europa haben, bis auf wenige Ausnahmen, Kinder bis etwa vier Jahre die Fähigkeit, Gedanken von anderen telepathisch zu empfangen, wie viele Eltern mit Nachwuchs in diesem Alter bestätigen können. Oft sprechen sie die Gedanken der Eltern aus und verblüffen mit ihren Aussagen ihre Umwelt. Andere Kinder wiederum nehmen etwas in ihrem Umfeld wahr, was für viele andere weder hör- noch sichtbar ist. Das können, abgesehen von Naturwesen, zum Beispiel auch negative Schwingungen sein, die einen Menschen begleiten. Etwa seine negativen Gedanken, aufgestauter Ärger und Ängste, die mitunter sehr massiv zum Ausdruck kommen können.

Aus energetischer Sicht sammeln sich diese Gedanken, die auch einfach nur Formen von Energie sind, im Energiefeld der Person (Aura). Menschen, die negative Energien fühlen oder sehen, reagieren sehr sensibel darauf und entwickeln mitunter Ängste. Manche nehmen die Energien auch noch in ihren eigenen Körper auf und zeigen körperliche Symptome, wie auch das folgende Interview mit Jonathan zeigt.

Jonathan war 7 Jahre alt und in letzter Zeit etwas zurückhaltender geworden, was seine spezielle Wahrnehmung von Naturwesen und Engel betraf, da er die Erfahrung gemacht hatte, dass viele mit seinen Eindrücken nichts anfangen konnten. Er hatte das Glück, in einer Familie aufzuwachsen, die dieser Thematik sehr aufgeschlossen gegenübersteht, denn die meisten Kinder hören aufgrund des fehlenden Verständnisses der Erwachsenen noch vor dem Schulalter auf, über ihre Wahrnehmungen zu sprechen.

Stellen Sie sich einfach vor, es gäbe auf das, was Sie tagein und tagaus sehen und spüren, nur zwei Reaktionen von Ihrer Umwelt: Die einen tun Ihre Wahrnehmungen als Spinnerei ab und ziehen sie ins Lächerliche. Die anderen interessieren sich dafür, jeder stellt Ihnen die gleichen Fragen und das ist es dann aber auch schon. Ein gleichwertiger Austausch findet nicht statt, da anderen eine diesbezügliche Erfahrung fehlt. Da ist es nicht zu verdenken, dass viele diese Art wahrzunehmen unterdrücken.

Jonathan hat sie sich zum Glück beibehalten. Sein jüngerer Bruder nimmt ebenfalls solche Energien wahr, allerdings nicht so intensiv. Seine Cousine Carolin im Teenageralter machte erst vor einigen Monaten erste Erfahrungen mit der feinstofflichen Welt.

Ich fragte seine Mutter, ob es ihr und ihm möglich wäre, für dieses Buch über seine Fähigkeit zu berichten. Obwohl sich die Mutter nicht sicher war, ob er sich einer Fremden öffnen würde, war Jonathan sofort bereit, gleich am nächsten Tag zu mir zu kommen. Mit seinem Einverständnis führten wir ein Interview durch, das hier veröffentlicht werden darf.

HIER EIN AUSZUG AUS DEM INTERVIEW MIT JONATHAN, SEINER MUTTER UND SEINER COUSINE CAROLIN

Autorin: „Deine Großmutter hat mir erzählt, du würdest Engel sehen und auch Naturwesen wie Elfen oder Waldgeister?"

Jonathan: „Ja, Waldfeen sind blaugrün und die fliegen, schwimmen und springen. Im Zimmer sind sie auch herumgesprungen und herumgeflogen."

Jonathans Mutter: „Die Kinder liegen in ihren Betten, sehen dabei eher nach oben und lachen ständig. So als würden sie gespannt fernsehen, ohne Fernseher eben, aber man merkt, sie sehen eher durch etwas durch. Zumindest sieht es für mich so aus."

Jonathan: „Bei den Roten muss man ganz schnell sein, dass man sie sieht, weil sie so flink sind. Am Tag sind nicht viele da, eher am Abend und die ganze Nacht."

Autorin: „Sind in der Stadt auch welche?"

Jonathan: „Nicht so viele, fast keine."

Jonathans Mutter: „Wir fahren sehr selten in die Stadt, weil Jonathan von klein auf immer weint und schreit, wenn wir in die Stadt fahren. Jetzt kann sich Jonathan schon selbst einen energetischen Schutz visualisieren und es geht für kurze Zeit, dass wir uns in Einkaufszentren oder an Orten, an denen viele Leuten sind, aufhalten, aber es ist immer sehr anstrengend und wir bleiben nicht lange."

Autorin: „Jonathan, welche Farben verwendest du für einen solchen Schutz?"

Jonathan: „Grün, Lila, Gold und Silber."

Jonathans Mutter: „Er hat immer wieder negative Energien angenommen, es ist ihm körperlich oft sehr schlecht ergangen, schon als Baby und Kleinkind. Jetzt kann er zum Glück etwas sagen und sich ausdrücken, aber es war nicht immer so leicht. Er fing sehr bald zu sprechen an und erzählte oft darüber. Jonathan macht mit mir abends ab und zu eine Art Kurs, erklärt es mir, wie das mit den Engeln ist. Er sagt, es geht ganz einfach, sie zu sehen. Ja, für ihn ist es einfach, ich sehe sie nicht. Er würde es sich so wünschen, dass ich sie auch sehe."

Autorin: „Kennst du Kinder, die auch Naturwesen sehen?"

Jonathan: „Nein, leider. Manchmal frage ich die Engel, ob es noch irgendein Kind gibt, das auch die Engel und Waldfeen sehen kann. Ich habe darum gebeten, Kinder aus Österreich oder aus Deutschland zu finden."

Jonathans Mutter: „Die hellsichtige Masseurin, die wir seit einiger Zeit kennen, hilft uns hier sehr, da sie das auch sieht, und die beiden können sich darüber austauschen.

Autorin: „Möchtest du mir etwas von Elfen erzählen?"

Jonathan: „Bei uns in der Nähe im Wald, wir nennen ihn Elfenwald, sind ganz viele Waldelfen und Wasserelfen bei einem kleinen Teich. Die sind grün blau, ein wenig rot und türkis und haben braune Haare. Der Teich ist mitteltief, es sind keine Leute dort, er liegt sehr versteckt. Im Winter gehen sie weiter in den Wald hinein. Da sieht man sie nicht mehr so häufig. Da sind sie eher an wärmeren Plätzen, in Wohnungen. Da ist es sehr schwierig für die Elfen, denn wenn sie in kein gutes Haus hineinkommen, geht es ihnen schlecht, sie werden krank oder ziehen bald wieder um. Sie sagen mir immer, dass sie beim ersten Sonnenstrahl, wenn der Schnee schmilzt, wieder zu uns in den Wald kommen. Dahin machen wir dann eine Wanderung. Das ist immer sehr schön."

Jonathans Mutter: „Wir haben diese Fähigkeit des Sehens schon mal abbestellt. Es war so massiv, meine beiden Kinder haben kaum mehr Schlaf gefunden, es war so viel los jede Nacht. Wir haben darum gebeten, dass da mal Ruhe ist. Sie haben so viel gesehen, sind abends im Bett gelegen und haben immer nach oben geblickt. Es war eine solche Unruhe. Für eine Zeit lang war es dann etwas besser. Dadurch, dass ich es nicht sehe, bin ich unsicher – ist es gut oder nicht gut ... Wir haben dann gesagt, er kann einfach nicht allen helfen, er ist noch zu jung dafür."

Jonathan: „Meistens fangen die Kinder an und dann haben die Erwachsenen genug davon, sodass sie sagen, dass alles nur Blödsinn ist. Und dann fangen sie auch endlich selbst damit an."

Jonathans Mutter: „Für mich und meinen Mann war es zuerst sehr schwierig. Dann trifft man zum Glück mit der Zeit die richtigen Leute, die einem da helfen oder die auch hellsichtig sind. So haben sich neue Wege und Tore geöffnet. Gerade, wenn das Kind noch nicht reden kann, ist es nicht einfach. Sein Bruder ist nun 4 Jahre, er sieht auch, allerdings nicht ganz so viel wie Jonathan. Wir haben darauf geachtet, dass wir ihnen die Angst nehmen, wenn sie etwas bei jemandem sehen. Wir meiden Orte mit vielen Menschen. Jonathan bekommt dann sofort wieder Bauchweh und richtige Krämpfe. Wir lernten mit der Zeit, damit umzugehen. Wenn wir ins Kino gehen, visualisieren wir einen energetischen Schutz und bleiben nur so lang wie nötig."

Jonathan: „Ja, einhüllen, hüll dich während des Autofahrens in einen Schutz ein!"

Jonathans Mutter: „Wenn er dann sagt, es geht nicht, fahren wir nach Hause. Gewisse Situationen meiden wir. Wir waren voriges Jahr in einem Schloss, sind nach ein paar Minuten wieder gefahren, weil er nicht mehr konnte, er hatte dort Bauchkrämpfe und furchtbare Zustände. Früher wusste ich nicht, was los ist, nun weiß ich, worum es geht. Jonathan mag eigentlich mit niemandem außerhalb der Familie darüber reden. Es hat mich gewundert, dass er zum Interview bei dir gleich begeistert ja gesagt hat, obwohl er dich nicht kannte. Carolin, die 14-jährige Cousine von Jonathan, fängt gerade an, Schwingungen wahrzunehmen. Es ist ihr aber nicht gut dabei, weil sie hauptsächlich negative Energien sieht und spürt. Jonathan kann sie hier schon ein bisschen unterstützen."

Carolin: „Es hat bei mir vor ein paar Monaten begonnen. Ich habe ganz schnell sehr viele Bilder hereinbekommen, hatte sofort Bauchschmerzen. Dann war es, als ob ich nicht mehr in der Realität wäre. Es kamen Bilder auf wie im Traum und dann kann man sich nicht mehr so genau erinnern. Letzte Woche war es ganz schlimm – ich sah zu einem Haus, da war dann plötzlich ein Bild, ich hatte mich total verkrampft und konnte nichts mehr sagen. Ein paar Minuten später war es wieder besser. Da war ich froh."

Jonathans Mutter: „Am Anfang haben meine beiden Kinder auch nur die negativen Dinge gesehen und gespürt. Bei Jonathan war das so massiv, dass er, wenn jemand zu uns auf Besuch gekommen ist, Bauchkoliken und ähnliche Zustände bekommen hat. Das erforderte großes Verständnis innerhalb der gesamten Familie, bei Verwandten zum Beispiel, die uns besuchten und unbewusst negative Energien mitbrachten. Das war eine große Herausforderung für uns alle, da der Besuch es mitunter persönlich nahm und Erklärungen hier nicht halfen, weil das alles für manche Menschen nicht greifbar war. Er hat auch Medikamente bekommen, die haben nicht geholfen. Es wurde erst besser, als wir das Ganze schrittweise verstanden haben. Seitdem lernen wir alle, damit umzugehen. Der Schutz hilft auch, den wir ihm geben. Wir hoffen, dass wir mit unserem Beitrag hier vielen Eltern helfen können, ihre Kinder und deren Wahrnehmungen und Reaktionen besser zu verstehen!“

Autorin: „Ich danke euch allen für das Gespräch.“

Wie Jonathans Mutter und Carolin beschreiben, nimmt man auch die niederen Schwingungen wahr. Das, was wir als böse und furchterregend empfinden. Jeder Mensch hat diese Wahrnehmungskanäle, die einen mehr und die anderen weniger ausgeprägt. Auf die Erzählungen hellsichtiger Kinder hin wollen die meisten Erwachsenen dasselbe Talent in sich wachrufen. Man stellt es sich wunderbar vor, etwas zu sehen, was vielen verborgen bleibt. Was einem allerdings bewusst sein sollte, ist die Tatsache, dass man dann alles wahrnimmt.

Keiner kann sich aussuchen, ausschließlich angenehme Energien wahrzunehmen. Im Gegenteil, wie schon zu lesen war, meldet sich zu Beginn auch das Negative, da dieses von der Schwingung her niedriger und daher leichter wahrzunehmen ist. Viele Eltern können von solchen Zuständen ihrer Kinder berichten, für die keiner eine Erklärung hat, zumindest keine wissenschaftliche. Und doch gibt es sie. Die meisten müssen vorerst durch die Angst gehen, bevor sich das Angenehme auftut, oder es passiert zeitgleich. Nur positive Energien zu sehen und die negativen auszublenden ist allein schon aus dem ganzheitlichen Aspekt heraus nicht möglich. Wo viel Licht ist, ist viel Schatten, heißt es ja so schön. Erst mit der Zeit, mit viel Verständnis, Geduld und Übung ist es möglich, außersinnliche Fähigkeiten bewusst ein- und wieder auszuschalten.

Immer mehr Kinder haben ihr Potenzial für das Hellsehen, Hellhören, Hellfühlen oder Hellwissen schon von Geburt an stark ausgeprägt. Es lässt sich auch nicht mehr so leicht eindämmen wie bei den vorhergehenden Generationen. Die große Frage stellt sich, wie Eltern damit umgehen sollten. Es bleibt vielen Betroffenen nichts anderes übrig, als diese Zugänge als gegeben hinzunehmen und sehr verantwortlich und respektvoll mit der Thematik umzugehen.

Um diese Kinder verstehen zu können, haben die Erwachsenen von heute den Auftrag, sich selbst damit auseinanderzusetzen und diesbezüglich viel dazuzulernen. **MANTANKA** ist ein Weg, das Vertrauen in die eigene Intuition wiederzuerlangen und die außersinnlichen Wahrnehmungskanäle bei uns selbst zu reaktivieren.

„So vielfältig sind
die Wunder der Schöpfung,
dass diese Schönheit
niemals enden wird.
Die Schöpfung ist hier.
Sie ist genau jetzt in dir,
ist es schon immer gewesen.
Die Welt ist ein Wunder.
Die Welt ist Magie.
Die Welt ist Liebe.
Und sie ist hier, jetzt!“

Indianische Weisheit

DANKSAGUNG

Ich finde es sehr erfreulich, dass hier ein Dankeschön Platz findet an alle, die mit dazu beigetragen haben, dieses Buchprojekt zu verwirklichen. Es erfüllt mich mit großer Freude, dass Rosalinde Haller das zukunftsweisende Vorwort dafür verfasste.

Ein herzliches Danke gilt ebenso Peter Gumpesberger, einem kreativen Fotografen und Mitentwickler des MANTANKA-Logos, und Susi Schobersberger, Meisterin der konstruktiven Vorschläge. Der rege Austausch mit beiden hat mich immer wieder zu kreativen Hochflügen angespornt. Den Schamanen Stone Hill und Mladen Sun Circle sowie Jonathan samt Familie sei gedankt dafür, dass sie mich in ihre Welt Einsicht nehmen ließen. Franky Huemer war helfend zur Stelle mit seinem unmissverständlichen „Wink mit dem Zaunpfahl", Susanne Eder mit ihren einfühlsamen, praxisnahen Anregungen und Ernst Schinagl mit seiner wohlwollenden Unterstützung. Löblich erwähnen möchte ich Christine, Andrea und Susanne Grübl wie auch Mario Treichl für das geduldige Probelesen und die produktiven Verbesserungsideen.

Meinen Klienten und Kursteilnehmern danke ich für ihr Einverständnis bezüglich Protokollierung und Veröffentlichung ihrer Sequenzen.

Dass mein Manuskript zum professionell gestalteten Buch wurde, verdanke ich dem Verlag Freya unter der Leitung von Wolf Ruzicka, dabei insbesondere Mag. Dorothea Forster und Regina Raml-Moldovan, die mir in der Endphase der Umsetzung mit ihrem kreativen Know-how sehr hilfreich zur Seite standen.

Schlussendlich möchte ich meiner Dankbarkeit an das „Große Ganze“ Ausdruck verleihen, an all die Menschen, denen ich im Rahmen meiner Ausbildungen begegnen und von denen ich für meinen Weg lernen durfte.

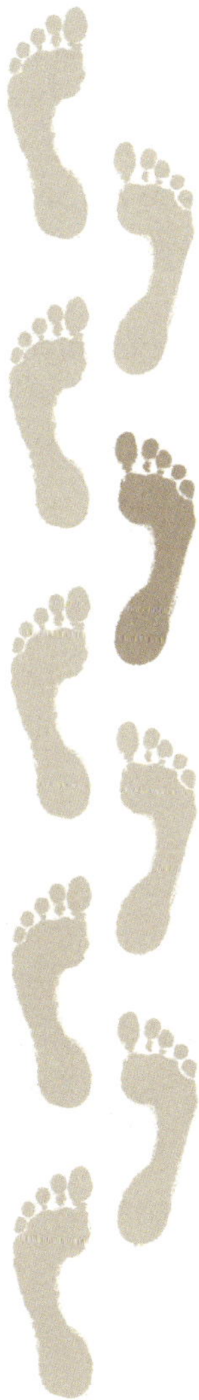

ÜBER DIE AUTORIN

Sylvia Grübl, geb. 1969, ist nach zahlreichen Ausbildungen im In- und Ausland seit 2000 erfolgreich in der Erwachsenenbildung tätig.

Sie entwickelte ihre nachhaltigen Lehrmethoden aus ihrem umfassenden Wissens-Spektrum und in mehr als zehnjähriger intensiver Arbeit mit Klienten und Kursteilnehmern. Dabei stehen eine ganzheitliche Sichtweise, praktisches Anwenden sowie die Individualität des einzelnen Menschen im Vordergrund.

Heute lehrt sie unter anderem im WIFI, einem der bedeutendsten Bildungsinstitute Europas. Sylvia Grübl lebt sehr naturverbunden in Oberösterreich.

MANTANKA – In den Mokassins eines anderen gehen® in der Praxis:

- **Info-Abend**: Präsentation der Methode
- **Individuelle Begleitung**: eigene Anliegen in Einzelberatung klären
- **Workshop**: eigene Anliegen in der Gruppe lösen
- **Diplom-Lehrgang**: Ausbildung zum Dipl. MANTANKA®-Trainer
- **Zusatz-Ausbildung Karma-Arbeit**: Weiterbildung zum Dipl. MANTANKA®-Karma-Trainer

Aktuelle Termine bezüglich Workshops und Ausbildung erfahren Sie unter: www.mantanka.com

MANTANKA®

In den Mokassins eines anderen gehen

Die Mantanka®-Methode

Weitere Angebote der Autorin finden Sie unter: www.stressabbau.at

LITERATURVERZEICHNIS

Akademie für Lebenskultur Bamberg;
http://www.12er-feld-bamberg.de

Arens, Werner und Braun, Hans-Martin: Die Indianer Nordamerikas;
C. H. Beck 2008

Bandler, Richard und Grinder, John:
Kommunikation und Veränderung; Junfermann 2009

Blavatsky, Helena Petrovna: Isis entschleiert;
Aquamarin 2003

Bradden, Gregg: Im Einklang mit der göttlichen Matrix,
DVD; Koha 2009

Dilts, Robert Brian:
Die Veränderung von Glaubenssystemen/NLP-Glaubensarbeit;
Junfermann 2006

Doman, Glenn: Was können Sie für Ihr hirnverletztes Kind tun;
Hyperion 1980

Eliot, Lise: Was geht da drinnen vor?
Die Gehirnentwicklung in den ersten fünf Lebensjahren;
Berlin 2001

Hellinger, Bert: Ordnungen der Liebe – ein Kursbuch;
Knaur 2001

Leuner Prof. Dr. med., Hanscarl:
Lehrbuch der Katathym-imaginativen Psychotherapie;
Huber 1994

McTaggart, Lynne: Das Nullpunktfeld;
Goldmann 2007

Montessori, Maria: Grundlagen meiner Pädagogik;
Quelle & Meyer 1965

Pikler, Emmi: Lasst mir Zeit;
Pflaum 2001

Sheldrake, Rupert: Das schöpferische Universum.
Die Theorie des morphogenetischen Feldes; Ullstein 2009

Sheldrake, Rupert: Der siebte Sinn der Tiere;
Scherz 2001

Steiner, Rudolf: Lesen in der Akasha-Chronik. Ausgewählte Texte;
Rudolf Steiner 2008

Sunbeck, Deborah: Was die 8 möglich macht;
VAK Concept 2000

Tietze, Harald W.: Die Medizin der Aborigines;
Oesch 2007

Thompson, Richard: Das Gehirn; Spektrum 1994

Tolle, Eckhart: Jetzt! Die Kraft der Gegenwart;
Kamphausen 2000

Tolle, Eckhart: Leben aus der Fülle des Seins,
DVD; Kamphausen 2007

Ulsamer, Berthold: Das Handwerk des Familienstellens;
Goldmann 2001

RAUM FÜR GEDANKEN

freya BUCHTIPPS

Sylvia Grübl

Meinem Tier helfen

Tierkommunikation, Naturheilkunde für Tiere, Tier-Kinesiologie, Tier-Energetik

Mit Hilfe der Tierkinesiologie und Tierenergetik kann jeder Tierfreund die Gründe für Verhaltensauffälligkeiten herausfinden und die Gesundheit seines Haustieres unterstützen und erhalten. Tierkommunikation hat ihre Wurzeln im mentalen Training, das für den Menschen bereits seit Jahrzehnten erfolgreich angewendet wird. In Schritt-für-Schritt-Anleitungen zeigt die Autorin, wie einem Tier durch die Arbeit an Meridianen und am feinstofflichen Körper, durch Farben und Edelsteine geholfen werden kann. Ein eigenes Kapitel ist der Naturheilkunde gewidmet. Fallbeispiele: Meerschweinchen und Kaninchen, Katze und Hund, Pferd und Kuh ...

ISBN 978-3-99025-223-9

Sylvia Grübl

DIY Mein Tier verstehen

Tierkommunikation

Durch kurze bebilderte Schritt-für-Schritt-Anleitungen trainieren Leserinnen und Leser ihre intuitiven Fähigkeiten und lernen, die eigene Wahrnehmung auf die Ebene der Tiere einzustellen. Eine einfach anwendbare Methode für alle Tierfreunde, die ihren tierischen Liebling besser verstehen und Tierkommunikation direkt durch die Begründerin der Methode kennenlernen wollen.

ISBN 978-3-99025-287-1